What Matters Now

未来公司的挑战

How ——— to ——— Win
in a World of Relentless Change
Ferocious ——— Competition
and —— Unstoppable Innovation

［美］加里·哈默（Gary Hamel）著
宋强 译

机械工业出版社
China Machine Press

图书在版编目（CIP）数据

未来公司的挑战：管理者必须回答的 5 大问题 /（美）加里·哈默（Gary Hamel）著；宋强译 . —北京：机械工业出版社，2020.5

书名原文：What Matters Now: How to Win in a World of Relentless Change, Ferocious Competition, and Unstoppable Innovation

ISBN 978-7-111-65493-3

I. 未… II. ① 加… ② 宋… III. 企业管理 IV. F272

中国版本图书馆 CIP 数据核字（2020）第 074470 号

本书版权登记号：图字 01-2020-1209

Gary Hamel. What Matters Now: How to Win in a World of Relentless Change, Ferocious Competition, and Unstoppable Innovation.

ISBN 978-1-118-12082-8

Copyright © 2012 by Gary Hamel.

This translation published under license. Authorized translation from the English language edition, Published by John Wiley & Sons. Simplified Chinese translation copyright © 2020 by China Machine Press.

No part of this book may be reproduced or transmitted in any form or by any means, electronic or mechanical, including photocopying, recording or any information storage and retrieval system,without permission, in writing, from the publisher. Copies of this book sold without a Wiley sticker on the cover are unauthorized and illegal.

All rights reserved.

本书中文简体字版由 John Wiley & Sons 公司授权机械工业出版社在全球独家出版发行。

未经出版者书面许可，不得以任何方式抄袭、复制或节录本书的任何部分。

本书封底贴有 John Wiley & Sons 公司防伪标签，无标签者不得销售。

未来公司的挑战：管理者必须回答的 5 大问题

出版发行：机械工业出版社（北京市西城区百万庄大街22号）	邮政编码：100037
责任编辑：林晨星	责任校对：殷 虹
印　　刷：北京诚信伟业印刷有限公司	版　　次：2020年6月第1版第1次印刷
开　　本：170mm×230mm　1/16	印　　张：15.5
书　　号：ISBN 978-7-111-65493-3	定　　价：79.00元
客服电话：（010）88361066　88379833　68326294	投稿热线：（010）88379007
华章网站：www.hzbook.com	读者信箱：hzjg@hzbook.com

版权所有·侵权必究
封底无防伪标均为盗版
本书法律顾问：北京大成律师事务所　韩光 / 邹晓东

谨以此书献给我的兄弟洛伦·哈默（Loren Hamel）博士和洛厄尔·哈默（Lowell Hamel）博士，他们深知个中原因。

前　言

这本书涉及多个主题，并不是关于领导力、团队或者激励等方面的一篇长篇大论的学位论文。相反，本书可谓一个多面性的"议程表"，能够帮助企业在剧烈的变革、激烈的竞争和永无止境的创新中取胜。

这本书不是要教你如何做得更好，也不是那些在组织中寻求地位者所需的工作指南。它慷慨激昂地呼吁，对我们熟悉的管理进行重构——重新审视我们对资本、组织和职业生活的基本假设。

这本书不是歌颂今天的赢家的，也不是庆贺那些到今日已经做出伟大成就的企业的。相反，它是为创造适应未来、适应人类的组织提供一幅蓝图。

很显然，现在有很多事情都极为重要，比如社交媒体、大数据、新兴市场、虚拟协同、风险管理、开放创新和可持续发展等。但是如今的世界，不确定性普遍存在，信任缺失，有些事情就显得更为重要。组织面临的挑战数不胜数，不能指望领导解决所有问题。正因为如此，你必须清楚地认识到现在什么最重要。所以，你要问问自己：在未来几年中，决定公司生存和发展的根本性挑战是什么？对我而言，有五个方面最为重要，即价值观、创新、适应能力、激情和管理思想。我之所以认为它们最重要，基于下面的逻辑。

价值观：完全自由的市场经济一定会存在剩余，但是近年来，任性的银行家和首席执行官不择手段地将自私自利、不负责任发挥到了极致。如果社会环境是公平的，他们会因为破坏资本主义而遭到起诉。如今，大型企业是社会上最不受信任的机构之一。随着信任度的降低，对企业进行监管的负担不断加重。要扭转这一趋势，最需要的是企业重建道德。股东的利益并非总是一致的，但是有一点似乎是他们的共识：现在，价值观比以往任何时候都重要。

创新：在联系日益紧密的全球经济大背景下，成功的产品和战略很快就会被他人复制。没有持续的创新，成功就会转瞬即逝。然而，将创新视为每个员工日常责任的公司凤毛麟角。在大多数组织中，创新不是由体制推动的，而是违反体制的结果。这是个问题，因为要创造长期价值，创新是唯一可持续的战略。围绕创新，我们讨论了10年，现在是时候将夸夸其谈变为现实了。要实现它，我们需要重新考虑轻重缓急，重新武装我们的思想。尽管这绝非易事，但是我们别无选择：现在，创新比以往任何时候都重要。

适应能力：变革在不断加速，因此战略更新的速度也要加快。问题在于，深刻的变革几乎总是危机驱动的。变革如果比较缓慢，就具有一定的危害性，也要付出较高的成本。在大部分组织中，固守历史的事物很多，鼓励积极变革的事物很少——"过去"往往比"未来"的束缚力更强。正因为如此，在一般情况下，在任者都会输给不受过去牵绊的新人。在如今的世界中，行业领导者可能转眼间就会落伍，保持成功的唯一办法就是不断创新。正因为如此，适应能力比以往任何时候都重要。

激情：创新和变革的意愿是激情的产物，是对现状充满义愤的结果。遗憾的是，一般的工作场所都很无趣：烦琐的规定、平淡的目标和金字塔式的管理架构，耗尽了人们的工作热忱。也许这在知识经济社会中无足轻重，但是在创新经济的大背景下就至关重要了。如今，客户期望的是非同一般的东西，但是鲜有组织能够提供。问题并非能力不足，而是缺乏激情。商业与生活一样，索然无味和鼓舞人心的差异就在于激情。平庸带来的回报会迅速减少，所以现在，激情比以往任何时候都重要。

管理思想：为什么组织的适应能力、创新能力、精神面貌和卓越程度比不上员工？组织为什么缺乏人情味？答案就是，我们的管理思想将控制神化了！无论其他管理思想怎么描述，控制是大多数管理者和管理体制首选的手段。尽管遵规守纪（在预算内开展工作、达成绩效目标、遵守运营规范和工作制度等）能够创造价值，但是其效果已经大不如前。今天，创造价值的是意外出彩的产品、出奇制胜的媒体宣传活动，以及全新的客户体验。问题在于，如果控制处于至高无上的地位，奇特的东西就会受到排挤。我们面临着一个严峻的选择：要么承认组织当前的适应能力、创新能力和精神面貌是有史以来最好的，要么寻求替代控制的另一种思想。更好的业务流程和商业模式是不够的，我们需要更好的商业准则。这也是为何管理思想比以往任何时候都重要。

以上五个方面都是重大的、棘手的问题。要解决这些问题，我们必须敢于突破熟知的常规管理边界。这些问题既微妙又多变，因此，我们不是要将其压缩成简要的、微不足道的启示（如"让船上的每个人都向同一个方向划桨"）。我对上述每个重要的话题分别从五个视角给出了不同的观点，按照乘法口诀"五五二十五"，就有25节内容。别担心，（大多数）章节篇幅都不长，都是模块化的。你无须仔细读完每一页的内容，完全可以根据个人的兴趣随意翻看。这本书绝对称不上是一个有七道大菜的宴会，只是一道餐前小吃。尽情享用吧！

目　录

前言

第 1 章　价值观　/1

要事优先 /1
从危机中汲取教训 /6
重拾农夫的价值观 /22
放弃资本主义危险的自大 /26
重返高尚 /31

第 2 章　创新　/35

创新乃唯一之道 /35
全球创新公司分类 /38
激发伟大的创意 /46
从创新"小白"到"高手" /51
解构苹果 /63

第 3 章　适应能力 /73

改变变革的方式 /73

视熵为仇敌 /78

诊断衰败的原因 /91

为失败的公司哀悼 /98

为公司赢得未来 /104

第 4 章　激情 /121

揭露管理的痼疾 /121

以人为本 /128

建设充满激情的社区 /134

反转控制权 /144

改变对 Facebook 一代的管理方式 /151

第 5 章　管理思想 /159

挑战管理思想 /159

无等级管理 /169

少交"管理税" /180

倒转金字塔 /205

树立宏伟的目标 /213

附录　半月湾"自由小分队"名单 /229

注释 /231

致谢 /237

关于作者 /238

第 1 章

价 值 观

要事优先

在任何组织中,无论你是哪一层级的领导,都得扮演管理者的角色,要管理职业生涯、工作能力、各种资源、环境和组织价值观等。遗憾的是,并非每位管理者都能做到明智:有些人唯利是图,抵押未来以谋求短期的丰厚回报;有些人将个人职业的发展凌驾于公司利益之上;有些人会剥削处于劣势地位的员工;有些人会利用客户的无知;也有人通过操纵政治系统达到减少竞争的目的;等等。如今,管理者要承担起责任,这比以往任何时候都重要。

在我看来,管理者应具备五种品格特质。

1. 忠诚:认识到个人之所以能够管理这些人才和财富是基于他人的信任,这不是自己谋取个人利益的工具。

2. 宽容:愿意先考虑他人利益,再考虑个人利益。

3. 谨慎:承诺立足当前,谋划未来。

4. 责任:对个人行为可能产生的一系列后果承担责任。

5. 公正:愿意根据员工贡献的大小而非权力的高低进行奖励。

近年来，很难见到具备上述五种品格特质的企业家。从美国安然公司（Enron）的财务造假到意大利帕玛拉特集团①（Parmalat）的金融丑闻，从壳牌公司（Shell）虚报石油储备到英国石油公司（BP）混乱的安全标准，从伯尼·麦道夫（Bernie Madoff）的惊天骗局到惠普公司（Hewlett-Packard, HP）的间谍丑闻，从美国国家金融服务公司（Countrywide Financial）敛财式的贷款到雷曼兄弟公司（Lehman Brothers）灾难性的破产，从印度电信公司的销售腐败案到美国新闻集团（News Corp）的电话窃听案，企业家的不端行为比比皆是。除了这些恶劣的行径，我还怀疑，如今这些巨头的管理者的操守比他们的前辈差多了。德语中有个词叫作"raubritter"，意为强盗式资本家，这个词可以追溯到中世纪时期，最初是指在莱茵河畔拦路收费的人。到了19世纪，这个词再度流行起来，用来形容美国那些爱掠夺又贪婪的实业家。

如果说部分21世纪的领导者特别缺乏道德，那么原因就在于经济的全球化放大了高管不法行为的负面影响。回想一下2011年席卷欧洲的主权债务危机。在国家机构受限的国家中，比如像希腊这样的国家，出现信用问题充其量是个小规模的灾难。但在彼此联结的世界中，情况则截然不同了：贪婪的计谋迅速被模仿，草率的冒险像病毒一样快速传播。正是这样，导致法国和德国的银行向几乎没有偿还能力的葡萄牙、冰岛、希腊和西班牙投入了9000多亿欧元。由此看来，不只是美国银行家应被怀疑存在道德问题。当然，我们要担心的也不仅仅是银行家：在万物互联的当今世界，安全标准不合格可能会泄露亿万客户的保密信息。如果对供应商不做尽职调查，可能会造成全球性的食品污染恐慌；一个忽视质量风险的决策可能会导致全

---

① 典型的意大利家族式企业集团，一度被视为意大利北部成功企业的代表。因爆出143亿欧元的资产黑洞丑闻，创始人兼公司董事长卡里斯托·坦齐锒铛入狱。——译者注

球性的产品召回。

问题的关键在于,因为全球化公司的决策意义非同小可,所以其道德标准必须能够成为榜样。惠普公司前首席执行官马克·赫德(Mark Hurd)因为一件小事,违反了公司的道德规范而被赶下台。许多人对此表示遗憾。我不知道这样处理是否出于正义的考虑,但是我深知,用较高的标准来要求有影响力的领导总归是件好事。

如果说经济全球化提高了道德选择的影响力,那么网络也有这样的推动作用。网络会把某个地方的轻度违法行为传播成世界性的轰动事件。许多公司面对供应商聘用不合格的员工时,会睁一只眼闭一只眼,因此备受诟病。这其中就有耐克、苹果、戴尔等公司。在网络上,"纸是包不住火的",任何不法行为最终都会败露。

网络还催生了一种全球意识:人们越来越感觉到彼此间的互联互通,也逐渐明白我们共处于一个星球,呼吸着同样的空气,共享同一片海洋。在城市和商业活动中,我们希望处处体现出同样高标准的公正和公平,否则我们就会感到气愤。多亏了网络,这种不悦的情绪会迅速转化为全球性的"愤怒大合唱"。在全球范围内,即使道德行为没有真正得到改善,人们对道德的期望也在不断提高。

大型企业和政府交织在一起,是价值观被推向"风口浪尖"的另一个原因。作为公民和消费者的我们当然知道,当说客和立法委员共进豪华晚餐时,他们根本不会关注我们的利益。我们本能地认为,如果权力不那么集中,民主和经济的状况就会有所好转。不过,由于集权现象普遍存在,我们必须尽全力确保那些身居要职的人是值得信赖的。

基于上述原因,我们在商界需要一场价值观的革命,但这场革命不会很快到来。盖洛普2010年的一项研究发现,15%的受访者将管理者的道德标准评价为"高"或者"很高"（81%的受访者认为护士的道德标准最高，排名第一；7%的受访者认为企业说客的道德标准最低，排名垫底）。[1] 缺乏信任给资本主义带来了现实的威胁。造物主没有赋予公司不可剥夺的权利，它们的权利是社会构建起来的，在必要的时候也会随时被重构。（2002年的《萨班斯－奥克斯利法案》和2010年的《多德－弗兰克法案》这两部美国法案就清楚地规定了要大幅削减企业的特权。）

好在价值观革命已经开始了。没有人静等着高管们幡然醒悟。统计数据清楚地显示，2005～2010年，美国在"社会责任"基金方面的投资（由社会投资论坛基金会明确范围）增加了34%，相比之下，管理投资总额仅仅增加了3%。如今在美国，企业高管管理的资本超过了25万亿美元，其中1/8投向了社会责任基金。[2] 还有更多迹象表明了这种趋势：10年前[⊖]，没有任何汽车杂志关心二氧化碳排放量，而如今它们都在关注，至少在欧洲是这样；10年前，公平贸易还不是营销话术，而如今已大行其道；10年前，没有谁注意到高管的薪酬，而如今无数的大众都在密切关注着。

有鉴于此，你和你的公司只需要关心一个简单的问题：你们要做价值观的引领者还是落伍者？谴责行骗的首席执行官和贪婪的银行家很容易，但是我们又做得如何？俗话说："己所不欲，勿施于人。"我们不能希望别人当好管理者，自己却做不到。虽然有些高管的道德水平高于其他人，但是我们不能仅仅指望他们，每个人都应当肩负责任，保护企业以确保不再出现破坏道德的现象。

从亚当·斯密（Adam Smith）到安·兰德[⊜]（Ayn Rand），这些资本主义的捍卫者认为，当每个个体都享有追求自身利益的自由时，共同的利益才

⊖ 本书英文版于2012年出版，故"10年前"约为2000年。——译者注
⊜ 俄裔美国人，20世纪著名的哲学家、小说家和公共知识分子。——译者注

能得到最大化。我认为这是没错的，但是需要补充一点：个人利益就像核裂变一样，只有在"容器"中才能发挥作用。也就是说有了一套道德准则后，个人利益才不会使自私自利泛滥成灾。不幸的是，现在的商业环境已经被狂妄自大的道德有害物严重污染了。

作为家长，我们将大量的精力投入到孩子的社交方面。一个十几岁的叛逆男孩认为，最合他心意的是逃学、带女友回家，但他的父母不这么想。家长要做的是教会孩子成为自己人生的管理者。

问题在于，如果你是管理者或者高管，你行使管理者职责的范围远远不止自己和家人。然而近年来，许多商界领导都轻松地推卸了这些责任，所以他们的信任评分才垫了底。

在继续阅读之前，请你扪心自问：我是个真正的管理者吗？

1. 你的忠诚度怎样？能像遗产执行人那样，受人之托，终人之事吗？

2. 你的宽容心怎样？能像自我牺牲的家长那样，首先考虑子女的需要吗？

3. 你能做到谨慎吗？能像执着的生态资源保护者那样，肩负责任，保护并改善大自然赐予我们的遗产吗？

4. 你的责任心如何？能像船长那样，明白自己的决定将影响轮船的航程吗？

5. 你的公正度怎样？能像有良知的调解人那样，真心承诺达成一个对各方都公允的结果吗？

如果在实际工作中，你还无法回答上述问题，以下内容能够为你提供帮助。我在伦敦商学院（London Business School）讲授了几年工商管理硕士（MBA）二年级的课程。在结课前，我通常会给学生提供一些建议。

我告诉他们，当他们在 MBA 毕业后找到第一份工作时，要假设以下情况都是真实的。

第一，你的单亲妈妈将毕生的积蓄都投资于你的公司。她是唯一的股东，而且这些投资也是她唯一的资产。显然，你会竭尽全力保证她能够安稳、愉快地享受退休生活。因此，你绝对不会为了挣快钱而牺牲长远的利益。

第二，老板是你的哥哥或姐姐。虽然你一直很尊敬他/她，但是如果遇到不靠谱的事情，你会直言不讳且毫不犹豫，绝对不会拍马屁。

第三，一些员工是陪伴你成长的朋友。你总是允许他们提出质疑，也会尽最大可能为其铺平道路。但是在需要的时候，你会提醒他们友谊代表着互相的责任。此外，你绝对不会将他们视为可利用的"工具"。

第四，你的孩子是你公司的主要客户，你想让他们高兴。这意味着，如果有人建议你欺骗或者利用他们，你一定会维护孩子的利益——你永远不会剥削你的客户。

第五，你个人拥有万贯家财。你之所以工作，是因为喜欢工作，而非为了生计不得已而为之。所以，你绝不会为了升职或者业绩优秀而牺牲个人的诚信——你宁可走人也不会妥协。

如果按照这些假设去做，那你会在你的职业生涯中，或者在他人的人生中埋下管理者的种子。

我们在努力迎接21世纪特殊而复杂的挑战，需要提醒自己目前最重要，也是永远最重要的事物是我们最根本的价值观。

从危机中汲取教训

2012年时，美国经济的发展依然缓慢。尽管从技术上看，经济萧条在

2010年就结束了，但是美国的失业率依然居高不下，经济增长乏力。据统计，2012年全美就业人口的占比处于25年来的最低水平，每个月还有12.5万位新的求职者进入劳动力市场，美国可能需要10年的时间才能恢复到经济衰退之前的就业水平。与此同时，欧洲不少国家处于同样的困境，房地产价格大幅下跌，失业率飙升，经济增长停滞。

我们看到的这一切会导致许多后果，包括不可避免但又完全能够预见的大面积不负责任的疯狂借贷。可惜这一次，这些"酒鬼"并非劳德代尔堡⊖（Fort Lauderdale）海滩上酗酒成性的大学生，而是资本主义的领袖人物。如果说联邦储备委员会（Federal Reserve）的政策制定者是酿酒师，那么议会立法议员就是酒类走私犯，大银行的首席执行官就是酒吧招待。当然，许多老百姓受低廉贷款的诱惑自愿上门是受到了那些"成年人"的怂恿。如果要做个类比，你可以想象一下在高中舞会上，家长和老师总是不时地张望着那营业的酒吧。

我们难以想象成年人做事会如此不计后果。然而2000年时，我们更难以想到全球最聪明的金融家和政策制定者会在世界范围内为"金融白痴"推波助澜。

自20世纪30年代以来，最严重的经济衰退不是银行危机、信用危机或者次贷危机造成的，而是道德危机带来的，特别是在紧要关头蓄意的无视行为。如果在正式场合见到不当行为，我们很少有人会感到诧异（如国会议员发送黄色短信），但是美国投资银行的崩溃反映出了史无前例的违法行为。

道德是每种制度得以建立的基础，除了私利的洪流，没有别的力量能

⊖ 位于美国佛罗里达州，有"美国威尼斯"之称。因为有许多酒吧，故亦被称为"酒谷堡"。——译者注

够快速侵蚀这个基础。在《美国革命的激进主义》（*The Radicalism of the American Revolution*）一书中，戈登·伍德（Gordon Wood）多次写道，美国的建国者将"无私"视为一种崇高的美德。当他们建立美国时，第一批爱国者尽力做到了不计个人得失。我想，无论是雷曼兄弟的迪克·富尔德（Dick Fuld）、美林证券（Merrill Lynch）的斯坦·奥尼尔（Stan O'Neal），还是其他银行的负责人，他们会为了个人利益而牺牲整个美国的经济。要从他们身上找到一点无私的影子，绝对是徒劳的。

关于导致银行崩盘的原因，尽管很多人已有论述（可大多数含糊不清、冗长乏味），但是我们仍然值得花点时间从道德角度快速剖析一下。因此，我们需要简要回顾一些事实。回顾的目的不是再追究银行家的责任，而是去理解，当自我利益摆脱道德之绳的约束时，结果会怎样。要蔑视银行家和监管者很容易，是他们造成了危机，但是如果你我这样的普通人面对同样的诱惑，我们不确定自己的做法会有何不同。无论如何，银行家应当对危机负责（总得有人负责，对吧），我们可以借由他们所犯的错误来反思一下我们自己的道德水平。

那么，当年到底发生了什么事？我们首先分析一下灾难产生的直接原因。

低息贷款

随着2000年互联网泡沫的破灭，在艾伦·格林斯潘（Alan Greenspan）和本·伯南克（Ben Bernanke）的领导下，美国联邦储备委员会急剧降低了贷款成本，其低到了灾难性的地步。十分低廉的资金成本鼓动美国消费者拼命贷款，因而大幅提高了大面积违约的风险。

证券化

通过将债务打包成担保债券（CDO）卖给第三方，银行家便能够将不良贷款转嫁出去。2005~2007年，美国超过85%的抵押贷款都转换成了证券。

从历史上看，借贷与吸收存款密不可分。一旦放开了对筹款的限制，证券化会促使抵押贷款空前繁荣，最终的结果是出借标准严重降低。当银行间出现恶性竞争时，只要是活着的人，它们就可以向其发放贷款。

结果，证券化未能使银行规避次级贷款的风险，因为许多银行通过表外单列"特殊投资"一项，堆积了大量的担保债券。商业银行同样向担保债券的最大买家——投资银行和对冲基金等借出了数十亿美元之多。

保险

从理论上讲，信用违约互换（credit default swaps，CDS）能使担保债券投资者免于破产。对于所有的保险产品而言，其赔付时需要足够多的历史数据。但是，鉴于次级贷款市场空前火爆，加之出借标准急转直下，以往的违约数据就失去了预测价值。结果，像美国国际集团（AIG）这样的保险公司，严重低估了违约崩盘的风险。当大量投机者需要签署信用违约互换合同时，这一错误便被不断复制。最终，这产生了令人咋舌的62万亿美元的信用违约，而事实上并未发生任何机构间的实质交易。

复杂性

银行推出的新型金融工具复杂到了令人费解的程度。它们将多种债务打包，再分为多个部分进行销售，或将许多担保债券与其他担保债券互相捆绑。这些错综复杂的关系，让投资者和评级机构很难辨别出真正的风险。

我们应当注意到，出现这种复杂性绝非偶然。银行家对复杂性情有独钟——复杂性能够制造一种增值的幻觉，也能够为他们盖上一层薄纱，掩盖他们收取那见不得人的费用的行为。对银行家而言，金融产品不公开交易更好，因为买家更难以发觉其真正的价值。遗憾的是，世人都意识到了复杂性掩盖着风险。

杠杆效应

在牛市中，杠杆效应作用越大，回报就越高。正因为如此，最大的抵押证券买家借到巨额贷款以增加其投资组合。当杠杆比例达到30∶1及以上时，大多数主要投资银行下了很大的赌注，认定美国房价会继续上涨。在牛市中，这种空前的杠杆效应让它们赚得盆满钵满，可一旦出现熊市，则会出现各种潜在的风险。

在疯狂追逐次级贷款收益时，许多银行家好像忘记了杠杆效应是把双刃剑，其两面性早晚会凸显出来。

可惜，杠杆效应大多源自商业银行的贷款。随着拖欠还款现象的不断增多，这些银行开始收回贷款，这迫使投资银行和对冲基金在市场下行时减少杠杆。为此，这些机构被迫抛售其他资产，致使股市大跌。

非流动性

由于复杂性和新颖性，实际上并不存在真正的担保债权二级市场。因此，当形势恶化时，这些缺乏现金的机构便难以抽身。缺少功能健全的二级市场，买家便无从知晓这些新奇的金融工具到底有什么价值，投资者和监管者亦难以评估银行资产负债表中真正的风险。缺乏可靠的价格数据，银行家只能扣减抵押担保债券的价值，除此之外别无选择。

许多资深的银行家声称,次贷危机无法预见,但是正如金融危机调查委员会(Financial Crisis Inquiry Commission)主席一针见血所说的,次贷危机是一场"十足的灾难"。¹ 我倒不同意。看到美国房价空前高涨时(见图1-1),任何人都能够想到危机即将爆发。实际上,2005年我从代理人那里购买了一种金融衍生品,就房地产市场下注。该产品与股票指数相关,追踪美国最大的房地产商的业绩表现。该指数每下跌1%,我的投资价值就会上涨3%。该产品2008年到期,获益丰厚。我唯一的遗憾就是没有下更大的注。

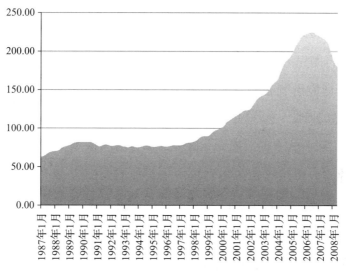

图 1-1　美国标准普尔/凯斯－席勒房价指数

注:2000年1月的房价指数设定为100。

当看到危机一步步地演化,我最初的反应是不敢相信。如此众多的顶级聪明人怎么可能会弄错?一旦危机爆发,各种专家会纷纷提出解决方案(使美联储成为超级监管者,为最大的银行草拟"遗嘱",大幅提高资本储备,限制银行家的奖金等)。那时,我想知道解决方案能否再简化一下。在每位收到援助资金的银行家额头上刺上下面这几句我精挑细选的话，如何？

炼金术是无用的。时至今日，艾萨克·牛顿（Isaac Newton）几百年前说的话依然适用：无论多么聪明的人，也不能将废物（垃圾贷款）变为黄金（评级为3A的债券）。

荒唐的事物无法恒久。如果料定的趋势带来了荒唐的结果（如百万元的简易房），事情很快就会反转，所以别打赌反转不会发生。

风险和回报通常联系在一起。也许有人年复一年地赚钱，但是可能不会是你或你认识的人。

愚蠢是会传染的。回想一下那种对杠杆效应和复杂性的疯狂着迷，它会让你和银行的兄弟倾家荡产。

这些刺青应当刺在银行家的额头上，好让自恋的他们每次照镜子时，都会记住这些教训。

无论有无刺青，银行家一定明白这些简单的道理，那么华尔街的精英为何未能注意到？或者再问得直接一点，他们为何放弃了守卫资本主义城堡最重要的职责？随着事态的发展，次贷危机揭示了莎士比亚戏剧中道德上的可耻行径——这完全是人为造成的一场风暴，赤裸裸地展现了欺骗、狂妄、骄傲自大、目光短浅、贪得无厌和拒绝承认等。

欺骗

现在我们知道了，许多做次级贷款的银行家，与那些首次贷款的人合谋，夸大收入、淡化债务。除此之外，欺骗性的销售策略与缺乏信息披露使许多借款人盲目借下了永远无力偿还的高额贷款。2009年，美国联邦调查局对2794宗疑似抵押欺诈案件进行了调查，而在2005年这类案件仅有

721宗。[2] 由此，我们可以轻松地断定，任何建立在谎言和欺骗基础之上的金融工具，本质都是脆弱的。

狂妄

华尔街的金融专家将"次贷垃圾"打包成上市交易的债券，他们严重高估了自己分析和化解风险的能力。他们痛心地认识到，分散风险与消除风险完全是两码事，尤其是当风险是由各种杠杆效应组合起来引发的时候。由于自恃天资过人，他们无法将真正的精明与十足的诡辩区分开来。

骄傲自大

在设计并对所有激进又新颖的机构化产品进行定价时，华尔街的专家主要借助复杂的金融模型来评估潜在的风险。因为这些模型基于最近的趋势数据，只涵盖了资产价值升高的时间段，因此无法预测资产价值暴跌的可能性。借款人和投资银行可能会认为，美国房地产市场从未出现过急剧而持久的全国性大跌，但是同样地，像2000～2007年房地产价格急剧上涨的现象，也没有再出现过。由此，我们同样可以得出结论：你想不起来100年前发生的风暴，并不意味着风暴不会再降临到你头上。

贪得无厌

毋庸置疑，每个登上载满"傻瓜"的次级贷款之船的人都获利不少。那些抵押贷款的始作俑者批准了"忍者贷"（无收入、无工作、无资产），华尔街银行家将其捆绑成债券，对冲基金购买了这些新产品，并承诺了高出平均水平的回报，因此收取了客户高额的费用，而评级机构为了开拓新业务，也在评估的客观性上大打折扣。

在数百万美元奖金的诱惑下，衣冠楚楚的银行家变成了疯狂的投机者。从来便如此，事实证明，贪婪一直在为愚蠢之人不知疲倦地摇旗呐喊。

拒绝承认

有时候，组织的命运会因意外事件而被改写。在"9·11"事件之后，美国航空业就是如此。然而，在一般情况下，拒绝承认会导致麻木不仁。有些公司岌岌可危并非因为未来无法预测，而是因为难以接受。不愿正视现实，正是因为每个人都因房价上涨而大赚了一笔，所以他们选择无视事实。在某种程度上，未来总是模糊不清的，但是当你闭上眼睛后，就更看不清未来了。

从次贷危机可以看出，以前美国的金融系统，为银行家所有，由银行家建立，为银行家服务，客户和股东什么都不是。在很大程度上，现在依然如此。没有高阶银行家蹲监狱，大银行发展得规模更大，它们的奖金一次次创造新纪录。此时，3000多位银行说客正在华盛顿，想方设法阻止次贷危机之后的改革。[3]

我们要认识到，许多应当保护经济不受银行家损害的监管者，反倒成了银行家的同谋，比如，美国证券交易委员会（SEC）前主席克里斯托弗·考克斯（Christopher Cox）和在2007～2011年担任众议院金融服务委员会（House Financial Services Committee）主席的众议院议员巴尼·弗兰克（Barney Frank）等人。这样，你就不难理解缺乏责任心的现象有多普遍了。

由此，我们能够看到浮士德式的背叛和玩忽职守。

作为纳税人和公民，我们希望政府维护经济的稳定和可持续发展。但是正相反，房地产之所以一片繁荣是因为政府提供了资金来源。

作为纳税人和公民，我们希望政府能够避免在经济方面出台有悖常理的刺激政策。但是恰恰相反，政府斥巨资大力支持次级抵押贷款。在经济越来越不景气的那几年里，房利美（Fannie Mae）和房地美（Freddie Mac）这两个政府资助、国会管理的公司，从新世纪金融公司（New Century Financial Corp）和第一富兰克林金融公司（First Franklin Financial Corp）等机构购买了数十亿美元的次级抵押贷款。有了政府背后的支持，房利美和房地美能够以优惠的条件借款，最终配置了1.4万亿美元的抵押债券。

我们希望政府能够推出审慎的金融措施，但是，政府居然允许投资银行盲目拓宽业务领域。2004年，在房地产市场即将迎来一片繁荣景象之时，美国的大型投资银行对美国证券交易委员会限制贷款水平的做法非常恼火。华尔街的各大银行迫不及待地增加贷款以赚取更多收益，为此它们加入了游说的大军，希望政府予以松绑。在美国多家大型投资银行的反对下，美国证券交易委员会妥协了。考虑到亿万身家的银行家无所不能，相信他们的行业自律——受到这些因素的蒙蔽，政府监管者未进行调查，没能阻止那场"卡特里娜"金融风暴。

作为纳税人和公民，我们希望政府维护透明和有序的市场环境。而实际上正相反，政府放弃了搭建规范信贷违约互换和其他违法行为框架的责任。感谢那些玩忽职守的立法者，他们使世界变成了一个抵押债券的全球性市场，其秩序不比卖雪景球的eBay好多少。

作为纳税人和公民，我们希望政府补偿纳税人因银行造成的损失。而实际上正相反，政府袖手旁观，并购风潮产生了"大而不倒"的超级银行。20世纪90年代，银行业引领并购浪潮。截至2004年，全美74%的银行储蓄存款掌握在1%的银行手中。

实际上，美国监管者有权阻止这场"非理性繁荣"，避免金融危机的发生，而他们恰恰没有做。这又是一次道德上的失败，其中最恶劣的行径包括以下几项。

漠视意识形态狂热付出的人文成本。在走向危机的那几年里，许多监管者幼稚地认为，银行是值得信赖的，它们能够管理好自己。这些追求自由市场的狂热分子并不能区分贸易自由（一般来说是好事）和玩忽职守（一般来说是坏事）的差别。2008年10月，美国证券交易委员会前主席克里斯托弗·考克斯懊悔地表示："最近6个月的事实已清楚地表明，让银行自我规范是无效的。"多新鲜啊！除了纳粹，再没有其他任何意识形态让世人付出如此惨痛的代价。

为了政治目的放弃社会责任。华尔街用巨额资金撬动了沉重的政治杠杆，没有立法者敢站出来反对他们的华尔街金主。想一想《时代周刊》的报道，在1990~2008年期间，美国国际集团在竞选中贡献了930万美元，又花费了逾7000万美元游说政府消除监管障碍。[4]实际上，美国国会山的每个"守护者"都收了"偷猎者"的黑钱。

胆小的监管者更倾向于自保，而非敲响警钟。毫无疑问，华盛顿的官员（来自证券交易委员会、联邦储备系统、审计署、司法部、储蓄机构管理局，以及联邦存款保险公司等）都觉察到了次级贷款的蔓延，以及监管漏洞上的病毒的迅速传播。可是，这些监管者没有拉响警报，而是在地上打了个滚，让银行家挠挠他们的肚皮。是的，监管的覆盖面难免有疏漏，但若你的职责是保护美国经济，你便有责任去找到并弥补这些漏洞，而不是逃避监管责任。在众人勾结的情形下，邪恶的托词足以列成一个长长的表单，"不关我的事"排在最前面。

实际上，美国的立法者和监管者与银行家一样难辞其咎。即便摧毁美国经济的炸弹引爆于华尔街，也是华盛顿一手造成的。

我们一直在等待银行家和监管者承认错误，但是，他们可能都不会认错。(对于部分当权者而言，推卸责任是他们的核心能力。)这些当权者要么胆小怕事，要么不敢行使其正当权力，但他们接二连三地提出议案，要求增加自己的权力。

我们要清楚，金融危机中打败我们的不是资本主义，而是其监护人。那些本应捍卫道德的人，放下了武器，将操守出卖给了野蛮的银行家。

我们还有两个重要的问题：在集体道德层面，是什么导致了这场灾难性的错误？对于我们这些既不是银行家也不是政策制定者的人而言，能够从中吸取什么教训？下面，我逐一回答一下。

对我来说，道德败坏源于每个人都可能存在的低级的狂妄自大。对每个人来说，不知道哪一天，无耻的自私自利和坚持原则的大公无私两者便会僵持不下。我们内心的天使并不总是占上风，否则就不会出现原罪的说法。

另外一个原因是道德的不断腐败。标准很少是顷刻间坍塌的，而是由一点一点不经意的妥协逐步恶化的。正因为如此，恶化往往容易被忽视。就像一座生锈的桥梁，在坍塌之前没有任何响动。遇到这样的不幸，人们"丈二和尚摸不着头脑"：怎么会这样？答案就是，积微成著。

最后，还有一种社会动力方面的原因：如果未被挑战，标准会自然降低。作为人，我们常常将他人视为自己道德的参照物，当我们面临自私利己的权宜之计和自我否定的责任两种选择时，我们通常会欣慰地看到，有人已经为我们降低了道德标准。换句话说，我们愿意找到先例，让我们的道德妥协看起来再正常不过。我们都爱找借口，所以在道德问题上闪烁其词是普遍现象。

举个例子说明一下。2007年7月，在次贷危机爆发的数周前，花旗银行首席执行官查克·普赖斯（Chuck Price）在接受《金融时报》采访时为花旗银行的疯狂冒险辩解道："当音乐停止，流动性方面就变得复杂了。只要音乐还在播放，你就得起身跳舞。所以，我们仍然在跳舞。"我最近一次是从一位13岁的孩子口中听到这样别扭的借口："可是爸爸，大家都这样做啊。"

人人都享有追求自身利益的自由是开放经济的一个基本前提，但是这并非资本主义道德基础的充分条件。在《国富论》（*Wealth of Nation*）中，亚当·斯密，这位资本主义圣徒式的代言人，关于自身利益给出了一个令人信服又有些令人沮丧的例子：

> 我们享受到美味的晚餐，不用感谢屠夫、酿酒师或者面包师的善心，他们是为了自身的利益。我们告诉自己，他们不是在献爱心，而是出于对自己的爱。绝对不要跟他们谈我们需要什么，要谈就谈对他们有什么好处。

资本主义道德的优越性体现在，在自由市场中服务好他人才能取得良好的业绩。杂货店之所以卖给我们食品，关键不是为了帮我们填饱肚子，而是因为能赚钱。资本主义是由自我利益驱动的，但是如果缺少了道德的自律，就很容易产生欺诈行为。一旦如此，没有权力的人就会受到伤害，无知的人就会受骗，立法者会被收买，监管者会被践踏。市场"看不见的手"的确很神奇，可一旦没有强烈的道德约束，便会造成各种混乱的局面。虽然亚当·斯密的追随者不太承认，但是他的哲学思想比前面所引用的他的观点更加微妙。在《道德情操论》（*The Theory of Moral Sentiments*）的开篇，斯密这样写道：

无论人有多么自私，从本性上可以明显看出几点原则。人会关注他人的命运，在必要时给他人带来快乐，虽然他除了感受到别人的快乐以外得不到其他利益。

谢天谢地，我们每个人都有善心，虽然同情心会"枯萎"。对于领导者而言，这种"枯萎"有两种表现形式。第一，人在追求成功的过程中会丧失同情心。在努力工作时，我们将同事、员工、股东和客户视为实现个人抱负的附属品，视为在必要时可以使用甚至滥用的工具。第二，获得成功之后，我们会失去同情心。一旦位高权重，我们就感受不到行为给他人造成的影响。作为21世纪的领导者，你必须警惕这些风险，有意识地培养自己的同情心。

我没有资本主义道德复兴的宏伟计划，但是在后面的章节中我将分享一些规模适度的想法。道德复兴一次能解决一个灵魂问题，而宏伟的计划无论如何都做不到。

然而，我们必须正视资本主义的缺点。我要对自由市场的狂热分子说以下几点：要认识到，经济理念的缺点不是非要与其划清界限的理由，所以不要戒备心太强；当前资本主义的做法，无论如何都是站不住脚的。作为资本主义的拥护者，看到以下情况时，我不得不担心：

- 全球的财富越来越多地集中到越来越少的精英手中。[5]
- 公司花费了数百万美元买通监管者，将政策调整得对自己有利。
- 首席执行官的薪酬是一线员工的300倍。
- 治理结构的设计是为了转移股东的注意力。
- 公司仅仅将员工视作生产要素。

- 公司高管绩效一般，但收益丰厚。
- 公司将 90% 的股票期权奖励给少数高管。
- 公司对提高透明度和保护客户的呼声置若罔闻。
- 与强势政府交往时，公司在价值观上予以妥协。
- 公司公关部门回避事实并且丑化批评者。
- 公司高管认为社会利益与他们的个人利益水火不容。

如果对于公司如此履行职责，你没有一点儿应有的不满的话，你就不会有效地帮助资本主义修复其道德结构。我们必须从提升自己的道德标准做起，并要求他人也这样去做。

资本主义复兴不会源于自上而下地开展企业社会责任项目。英明的新战略同时产生私有和社会收益是不够的，尽管我们对此表示欢迎。例如 2008 年，在社会积极分子要求公司对水资源不足进行管理之后，时任可口可乐（Coca-Cola）首席执行官的内维尔·艾斯戴尔（Neville Isdell）承诺，公司要在 2020 年以前成为一家"水平衡"的公司。但是，无论一场自上而下的宏大运动多么值得赞扬甚或利润丰厚，也无法代替民众自下而上的责任感——这会影响人们做出的每个决定。公司在道德问题上应当主动有所作为、普遍深入，可往往两者均未做到。

我们大多数人不会向车窗外扔垃圾、用脚踢宠物、在个税问题上作假、履历造假，或者辱骂电话销售人员（80% 的人都不坏）。但是在工作中划清道德的界限，尤其是由领导划线，是非常困难的。此外，做人意味着很多事情，也意味着要肩负道德的责任，而狗就不用。正是因为这种责任感，使得德国神学家迪特里希·邦赫费尔（Deitrich Bonhoeffer）加入了抵制纳粹的阵营，他也因为这一决定付出了生命的代价；正是因为这种责任感激励着民权游行者，他们不顾催泪弹和警棍的威胁，沿着高速公路一直奔向塞尔马（Selma）。

资本主义的改善能保证道德也得到改善吗？也许不能。但是，民主是个例外，没有其他任何一种意识形态为如此之多的人带来这么大的福音。能够自由买卖，筹集资金，承担风险，获得收益，开办一家新公司，按照个人意愿投资，扩大或者缩小业务范围，进口或出口，创新或者削减成本，并购其他公司或者卖掉自己的公司——这些都是非常独特的经济权利，一旦剥夺了这些权利，没有人会成为赢家。

也许你会问，一个人能够做什么？也许你听说过，一个公司的价值观应该源于高层。这简直是胡说！邪恶与美德都是复合而成的。邮件、博客和Twitter都是道德意识的放大器。在网络连接的世界中，只要有一个人敢于站出来说话，便会鼓励其他人也站出来。是的，道德的退步是有传染性的，但是关乎道德的勇气也是可以互相感染的，所以，拿出你的勇气！

当然，风险是存在的。你可能会惹怒一些人，被贴上对现状不满的标签，或者与职位晋升擦肩而过，但是不会有人把你抓起来。所以，问问你自己：在我的领导范围内，哪些标准是不可违背的？我在哪些地方不愿意牺牲个人的诚信？我的道德签名（moral signature）是什么？我希望别人从我的行为中看到什么价值观？与此对应，我曾经在哪些地方成了贪婪、自大和贪图权力的牺牲品？我在哪些该发声的时候闭口不言？没有传染病式的道德败坏，就不会有金融丑闻中道德被大规模遗弃。因此，如果对华尔街的所作所为感到愤怒的话，你应当恪守自己坚信的道德标准。

我认为我们对金融精英还要抱有希望，他们还有可能补救。我想到了南非总统弗雷德里克·威廉·德克勒克（F.W. de Klerk）在1990年2月发表演说时，出乎所有人的意料，宣布废除种族隔离制度。任何人都能够发掘出同情心来。

我有一位朋友叫约翰·奥伯格（John Ortberg），他是一位牧师、心理学家和作家。他认为，如果我们想要一个值得赖以生存的世界，那我们每个人都要敢于列出一个"无畏的道德清单"。如果你是领导者，无论在什么组织中，现在是开始行动的最好时机。

重拾农夫的价值观

金融危机爆发时，我的岳母费内（Ferne）过世了。在 85 个春秋的有生之年中，她大部分时间是与丈夫埃尔顿·芬德利（Eldon Findley）在农场度过的。他们以租赁一台拖拉机和一块地起家，最终将其经营成一个 1000 英亩[⊖]的大农场（位于加利福尼亚州肥沃的圣华金河谷），没有背负任何债务。他们是怎么做出这样的成绩的？他们每天工作 14 个小时，每周工作 6 天，很少休假，放弃了大部分奢侈品；他们在年景好的时候存款，以度过糟糕的年景；为了减少价格波动的影响，他们丰富了农作物的种类；他们对自己十分吝啬，却在土地和设备上尽最大可能进行慷慨的投资。

与许多同辈人一样，费内和埃尔顿·芬德利不喜欢负债。对他们而言，负债就是背负着契约。鉴于务农的现金流不稳定，需要借款，夫妇二人不知疲倦地劳作，来减少长期贷款，赢得土地的所有权。他们在结婚 30 年后实现了这一目标。

我的岳父岳母弯着腰在地里劳动时最快乐了，他们将快乐分享给信仰

⊖ 1 英亩≈4046.86 平方米。

"农夫信条"的所有人：

我相信，人最大的财富就是他的尊严，没有什么能比务农给他带来更大的尊严。我相信，勤劳的工作和可敬的汗水能够铸就人的品格。我相信，尽管会出现困难和失望，但务农依然是人活在这个世上最诚实和光荣的方式。

岳父岳母这种量入为出的生活方式，为我和妻子买到了一栋房子，为在全世界修建教堂筹集到了资金，使他们的儿子得到了蒸蒸日上的事业。

如果更多地借助杠杆效应，他们的事业可能会发展得更快，或者过上更富裕的生活，但是儿时在经济大萧条年代吸取的教训，让他们以及同时代无数的人有所防备，抵挡住了杠杆的诱惑。

建设芬德利农场的美德——审慎、节俭、自律和牺牲，也是使美国、英国和日本等国家得以建立的美德。但是在最近数十年，这些美德明显缺失了，无数的消费者用挥霍代替了节俭。作为一种营销手段，"你等候时盘子里的蛋糕"要比"天空中飞走的馅饼"更加诱人。所以，银行家鼓励我们贷款，我们就照做了。

我去寻找了，但是没能找到"银行家信条"的文件，其能够简明扼要地列出银行家的美德。但是，近期发生的事情足以说明，许多银行家（尽管我确定不是大多数）实际上也遵循着一些共同的信条：

我要买通竞争对手，建立一个"系统上重要"的银行，这样我就能够将收入私有化、损失社会化。

我会不失时机地猎取客户，利用他们对我错误的信任所赋予的权利来赚钱。

我会利用银行的资产负债表空前地冒险，就算股东希望在分红日拿到百万到千万美元的收益，我也不在乎他们的利益。

我会将自己鲁莽行为带来的后果归咎于"全球金融体系"，因此我不会背上欺骗投资人、客户和监管者的骂名。

我已经习惯了索取赔偿，就算出现了公共援助，我也还会继续索赔。

我会与金融街的同行们联合起来，粉碎任何企图进行真正改革的图谋。

金融界的银行家不是拥护这种唯利是图信条的第一种人。大约70年前，在大萧条水深火热的时候，罗斯福在其就职演讲中说道：[1]

……不择手段的银行家的行径应当受到公共法庭的审判，受到老百姓思想和灵魂的唾弃……

银行家已经从我们文明殿堂的高位上逃之夭夭了。现在，我们可以恢复文明殿堂的传统信念。恢复措施取决于我们社会价值观适用的程度，而不仅仅是资本利润的大小。

幸福不取决于拥有的金钱，而取决于成就带来的喜悦，取决于创造性工作带来的兴奋。在疯狂追逐短暂利润的同时，我们不应忘记工作的乐趣和道德的激励……

……金融和商业行为必须终止，人们神圣的信任换来的是无情和自私的恶行。难怪人们失去了信心，因为只有诚实、荣耀、神圣的责任、对虔诚的保护和无私的表现才能够鼓舞人们的信心，失去了这些，信心注定荡然无存。

与1933年一样，银行家很容易成为人们谴责的目标。可过于野心勃勃的人不只有银行家。想想看，在20世纪50年代，当婴儿潮一代的人还在蹒跚学步的时候（他们的父母在拼命工作，偿还贷款），普通美国家庭的债务和收入比低于0.4。从20世纪60年代到80年代中期，这一比例上升到

0.7。但是到了2008年，这一重要的晴雨表飙升到了1.4。在此期间，美国普通家庭收入调整后的负债激增了超过350%。实际上，在2001～2008年期间，这一比率的增长幅度达到了39年以来的新高。在经济萧条迫使人们精打细算、想办法储蓄之前，典型的美国家庭用于偿还贷款的钱比购买食物的还多。

我们都是成年人了。如果不是大面积丧失抵押品赎回权、降低几十亿美元的账面价值，灾难性的经济衰退、债务危机如何收场？即使中国能够提供援助资金，我们也应当认识到，总有一天，我们会因负债付出惨痛的代价。

在过去的几年里，全世界的政策制定者都在想方设法运用通货膨胀刺激经济，但是成效甚微。去杠杆化的过程总是痛苦的：无数的人已经借债成瘾，现在却要戒掉，而且不再享受美味的沙拉、舒适的枕头和顾问柔声细语的服务之类上流人士的生活，而要过上接受法院传票、吃福利性食物、洗冷水澡和接受粗暴服务这样的生活。

这又有什么好处呢？一定有。第一个好处是唤起人们对永恒的美德的追求，它可以给我们带来真正的财富和持久的繁荣。农夫价值观的兴起和银行家价值观的衰退，会使我们的生活越来越好，经济也会越来越好。

第二个好处是，我们的孩子不再成为疯狂的借贷者。目睹父辈们开支过大，并因此付出了代价，他们会希望在经济上过节俭的生活。（我儿子的建议：要求高中生选修个人财务管理课。）如果千禧一代能够在节俭、勤劳和财务自律上吸取重要的教训，那么我们就不会白白经历这场无休止的危机。所有像我的岳母费内那样为后人艰辛付出的人，他们的在天之灵也会为此感到欣慰的。

放弃资本主义危险的自大

或许你能够看出来，从信仰和职业上说，我是一位资本主义者。我相信最佳的经济体系能够给予企业家精神、冒险精神、客户选择最大化的回报，该体系依靠市场来调配稀缺资源，能够将对商业的监管负担降至最低。要说创造繁荣还有其他方案，我尚未见到。

那么，为何在发达国家有近40%的消费者认为，大公司在"某种意义上"或者"普遍意义上"对整个社会做出了积极的贡献？（根据麦肯锡公司2007年的一项研究。[1]）盖洛普公司2010年的一项调查发现，仅有19%的受访者表示对大型企业"信心满满"或者"有一定的信心"。为什么会这样？（只有国会的支持率更低。[2]）似乎我们大多数人希望大公司表现糟糕——破坏环境、虐待员工、误导客户等。逃避道德责任的大企业，其负面形象与查理·辛（Charlie Sheen）和林赛·罗韩（Lindsay Lohan）两位丑闻频出的明星的不相上下。

显然，许多人因为现状指责华尔街。2009年3月，《金融时报》称"自由市场的理念主导了西方思想10年，信用危机摧毁了人们对它的信心"。次贷危机之后，情绪紧张的记者和自以为是的政客认为，我们需要一个新的资本主义模式，资本家对国家肩负更大的责任。

虽然我们不能低估痴迷于风险的金融家为全球经济设置陷阱的能力，但资本主义真正的威胁不是不受约束的金融诈骗。事实上，前面提及的盖洛普所做的调查显示，银行的得分高于大型企业。是的，尽管贪得无厌的银行家是个威胁，但是更大的威胁来自妄自尊大的首席执行官，他们不愿意面对股东的期待。近年来，社会上威力最大的经济主体——大型企业的权利和责任界定不清，客户和公民对此表现出越来越多的不满。对于许多人而言，事情好像呈现一边倒的局面：对首席执行官和股东有利，但是对其他人不利。

要了解大企业在为谁的利益服务，你无须去看《广告克星》。"自由市场"存在问题的地方很多：食品行业与反式脂肪酸长期的"暧昧关系"，默克集团（Merck）对药品万络（Vioxx）存在的风险遮遮掩掩，Facebook时常对客户的隐私满不在乎，航空公司高管对提高客户服务的承诺食言，每天都在产生的金融服务费，夸大其词的产品宣传，以及推脱责任的客服代表。

如果全世界人都对企业失去了信心，那也是因为企业界辜负了人们的信任。这样说来，与银行家的"打劫"相比，企业对资本主义的威胁既平淡又深刻。平淡是指危险不仅仅来自华尔街掠夺成性的银行家，也源于企业所犯的错误，这些错误点燃了普通百姓的愤怒。深刻是指问题的扩散性——曾经适用于核电站的监管约束也用到了每家大企业的身上，给它们造成了巨大的负担和威胁。

有人可能会哀叹资本主义（广义上的）市场经济没有任何可信的挑战者，可事实并非如此。但是，如果我们不承认它的失败，随着人们对企业的不满与日俱增，那些认为首席执行官应当对公务员（这些期望扩大国家权力的人）回答所有问题的人，会变得越发大胆。

这不是我们大多数人想要的结果。虽然我们确定，监管的制约能够限制资本主义无节制地放纵，但其也可能剥夺我们的权利。因此，我们希望所有的管理者能够认识到，一场不可逆转的革命已经开始了。

无数的客户和公民都相信，许多公司的领导依然不愿意承认：我们沿用的经济生产模型推动"现代"经济前进了100年，已经岌岌可危了。它就像一台破旧不堪的发动机，用拼接的电线和强力胶带粘在一起，冒着有毒的浓烟，还时不时地熄火。

我们应当感谢，在100年前有人发明出了这个突突作响的野蛮机器。如果有朝一日它能够被扔到废品厂，被对我们威胁更小的东西替代，那我们也会很高兴。

我们心里明白，不能靠推断过去来赢得未来。作为工业革命时期的曾孙一代，我们明白了，盲目追求是不可持续的，最终无法实现。我们的地球、安全、平静和灵魂都需要更加美好和不同的事物。

我们渴望的是友好、高尚的资本主义——我们不仅仅被视为客户；它能够区分消费最大化和幸福最大化的差异；它不会只顾眼前利益而牺牲未来；它不将地球家园视为掠夺无穷无尽自然资源的地方。

因此，阻碍我们建立一个有良知、有责任、可持续发展的资本主义的，是这个我们长期生活其中的体制吗？

我想，我们需要的是一种环境，对于企业为谁服务、为谁的利益着想以及如何创造价值等深信不疑。许多类似的信念都被典型化了（至少某一代信仰某种意识形态的首席执行官如此）。这些信念是自我陶醉、视野狭隘的，其中有许多毒害人的假设，包括以下几点。

1. 商业的最高目标是盈利（而不是以经济的方式提高人类的福祉）。

2. 企业领导者只应当对其行为产生的直接影响负责（而不是对其单纯追求增长和利润所带来的第二层、第三层后果负责）。

3. 应当根据短期收益评估高管，然后向其发放薪酬福利（而不是基于其长期在经济和社会方面创造的价值）。

4. 建立企业社会信誉需要崇高的使命宣言、绿色环保的产品和充分体现企业社会责任的预算（而不是承诺不可动摇、牺牲自我地在任何情况下做正确的事情来实现）。

5. "做正确的事情"首先要保证企业"做好"（意味着只在有利可图的情

况下才做正确的事情）。

6. 在生产和销售产品时，与所推崇或亵渎的价值观相比，客户更关注钱的价值。

7. 公司的客户是购买其服务的人（而不是受到其活动影响的所有人）。

8. 公司通过锁定客户、夸大产品效果或者限制客户选择来盈利是合法的（我想说，唉，难道国会不该颁布一部法规，强制航空公司更加人性地对待乘客吗）。

9. 运用市场的力量和政治的杠杆作用，来抵制颠覆性技术或者阻挠非传统性竞争者，是可以接受的。

10. 公司的"品牌"不过是用广告资金砸出来的营销手段而已（而不是通过公司真正的价值观来构建的社会形象）。

也许在58年前，通用汽车董事长查尔斯·威尔逊（Charles Wilson）宣称"对通用汽车有好处的事就对美国有好处"的时候，这些观点没什么问题。但时至今日，这些看法就显得不和谐，也很危险了。假装人们的认知没有发生变化，或者资本主义的批评家被误导了，是没有任何益处的。人们越来越认识到：泛滥的消费主义观念贬损了人类的价值观；混乱的发展给地球带来了危险；对公司权力的不加管制破坏了民主；首席执行官目光短浅，只关注选项，有可能会毁掉他们一手创立的价值观。

当然，作为客户和公民，我们必须承认企业无法治愈所有的社会顽疾，或者提供所有的社会福利。我们必须正视自己的"精神分裂"：我们如果心安理得地放弃节省每一元钱的原则，又怎么能期望企业肩负起责任呢！

对于企业高管而言，如果感到你所在行业的管制仍比较松，坚持你现在所做的事情。此外，如果你碰到伪善的政客和好事的官僚，你就得面对事实：在未来的几年中，只有以更崭新和负责的态度看待责任问题，企业才可能保护自身的自由。谷歌公司（Google）董事长埃里克·施密特（Eric Schmidt）是为数不多认识到这一点的高管。

2010 年，谷歌完成了一项社会创新项目——思想/行动智库（think/do tank）。它被视为公司运营的核心，而不是慈善基金会。谷歌智库（Google Ideas）的目的在于发挥公司的创新力，调动各方面的力量，以解决核扩散和国家治理不善等社会突出问题。谷歌智库最初的举措是于 2011 年 6 月在都柏林会议中心（Dublin Convention Centre）组织召开反对暴力极端主义峰会（Summit Against Violent Extremism，SAVE）。该峰会聚集了白人至上主义者、团伙头目及其受害者与诸多学术界的专家学者等跨界人士。有一位名叫莱顿（T. J. Leyden）的参会代表，他曾是光头党的一位领袖，现在担任"仇恨到希望"组织（Hate2Hope）的执行董事。谷歌希望通过此类峰会，找到从根本上解决棘手问题的新方法。尽管现在评估该项目能否够成功为时尚早，但是值得注意的是，谷歌智库的建立基于以下原则。

1. 长远地看，股东的利益与整个社会的利益是一致的。让地球变成一个"更加美好"的家园符合所有企业的利益，将企业"发展得更好"符合每个人的利益。

2. 企业在社会上的合法性不容忽视，但可能会受到挑战，要适应它。

3. 公民和客户希望企业不仅肩负社会责任，而且要成为"社会的企业"。

4. 系统的问题无法靠某个单一的机构或者坐而论道就能解决。企业要调动相关各方，让"靴子落地"才行。企业要成为公共部门和非营利组织"积极的伙伴"。

5. "不要邪恶"（谷歌公司著名的准则）这个标准不重要。今天，企业需要以积极主动的策略为支撑，完成一张好看的"社会资产负债表"。在这种情形下，每个人只有一个选择——带头去做。

随便浏览一下任何一家企业的网站，你会发现许多"做好事"之类的陈词滥调和一份冗长的承诺清单。也许谷歌智库项目也会沦为这样；也许它会成为一种公关手段，而非一种思维模式的转变。无论如何，在许多企业中，陈旧的观念依然占据主导地位。我们现在要做的，就是改变它。

重返高尚

我是《纽约客》漫画册的忠实粉丝。一般来说，每期画册的内容都会让我要么苦笑，要么自省。尽管我从未参加过该杂志每周一次的漫画配文字比赛，但偶尔也有试一试的冲动。上周，该杂志推出了起居室闲逛专题漫画：有一位丈夫（可能是）躺在沙发上翻阅报纸，妻子闲坐在扶手椅上。她是一条美人鱼，腰部以上赤裸着，偌大的鳍优雅地压在身下。她歪着头斜视着丈夫，张着嘴巴在说着什么。我想她在说："都十年了，我想你应该学会了水肺潜水吧！还去阿尔卑斯山徒步旅行啊？我想今年我们该去海边度假了吧？"

我最喜欢《纽约客》上的一幅漫画是，一位办公室白领靠着墙倒下了，手捂着胸口，同事们担心他有事，连忙跑过去看，但他嘴里嘟囔着说："没事，那只是一种稍纵即逝的使命感。"

这种对人们生存状态讽刺性的描绘，容易让人产生共鸣。原因在于，它抓住了深刻而又真实的东西。离开了大海的美人鱼的抱怨代表在长期的夫妻关系中，双方面临着互相迁就的挑战；而那位突然（难以置信地）一腔热情的员工让我们想到，公司办公室不过是一个典型的情感真空地带。如果你和伙伴们相处得非常和谐，我也不能给你什么高见，但是我的确发现，普通的灰色格子间缺乏一种目标感。

在后面的章节中，我将会通过调查数据深入分析员工的敬业度。现在，我们只需要关注近期的一项全球性调查。该调查发现，只有20%的员工真正全身心地投入工作。作为一名管理专业的毕业生，看到如此众多的员工对职场感到沮丧，我也深感沮丧。在该项调查中，受访者将责任主要归咎于管理者疏于沟通和以自我为中心，但是我认为肯定存在某种深层次的组织问题，它使员工失去了工作的热情与活力。

我们来做一个试验。收集一下你公司最新的年报、使命宣言或者首席执行官最近的讲话稿。阅读一下这些文件，找出重复率较高的词汇和短语。我们来做个内容分析。什么词语在你公司得到了大量宣传？很可能是资历、优势、领导、差异化、价值观、重点、纪律、责任和效率等关键词。这没有错！但是，这些词能让你心跳加速吗？是你发自内心给出的答案吗？从广泛意义上讲，它们是"好的"吗？

现在，想一想米开朗基罗（Michelangelo）、伽利略（Galileo）、杰斐逊（Jefferson）、甘地（Gandhi）、威廉·威伯福斯（William Wilberforce）、马丁·路德·金（Martin Luther King Jr.）、特蕾莎修女（Mother Theresa），以及埃德蒙·希拉里爵士（Sir Edmund Hillary）等人。是什么理想激励他们做出了非凡的成就？你列出的商业价值清单上有吗？可能没有吧！卓越的贡献是基于对人类公认价值观的承诺而产生的，这些价值观包括美好、真理、智慧、公正、善良、忠诚、喜悦、勇敢和荣耀，等等。

我与许多首席执行官都交流过，他们每位都信誓旦旦地说要建立一个"高绩效"的组织，但是如果企业将贪污腐败而不是卓越作为核心价值观，这一承诺真的能实现吗？我想，不能。因此，语言和管理实践的人性化（也是道德所要求的）是企业的必修课。

高尚的目标能够激发人做出牺牲，激励人不断创新，鼓舞人坚持不懈。这样一来，目标就能够将人才转化为卓越的成就。由此我不禁想：在企业中，为什么很少能听到爱、奉献、荣耀等词语？为什么人类最重要的理想恰恰是管理沟通中最缺乏的？

全食超市[⊖]（Whole Foods）的联合创始人约翰·麦基（John Mackey）曾说道，他的目标是创办一家充满爱而不是恐惧的公司。麦基并非一位乌托邦式理想主义者，他类自由论者的坚定信念令有些人敬而远之。组织的目标如果体现了信任、慷慨、宽容等，没有什么人会产生异议，然而，由衷地承诺建立一个满怀慈善精神的组织可能会显得既激进又怪异。你要是怀疑，我们再做个试验。下次在召开员工会议的时候，如果你卡壳了，等一等，当大家看幻灯片看得疲惫又呆滞时，你再宣布公司最需要的是更多的爱！面对一大群管理者演讲时，我常常向他们发出挑战，让他们以这样的方式说出"爱"（或者"美丽""公正"和"真理"等词）——"当你回到工作岗位后，告诉老板，你认为公司出现了爱的赤字"。无一例外，我的这个建议让人尴尬地发笑，他们把我视为异类。

作为管理者，为何我们非常愿意公司遵从人类永恒的价值观，而往往又不愿意在组织内倡导实践这些价值观？凭直觉，我想企业无疑是世俗、机械、单调和物质的，任何想对其做出精神注解的想法都是不合时宜的。同样，诸如利润、优势、效率等实用主义价值观没有错，只不过崇高性不够。近年来，我们经常看到，如果企业领导及其追随者未沦为某种功利目的的奴隶，他们也会面临被个人卑鄙的贪欲所奴役的风险。使命感的提升不仅仅是个人成就的动力，也是抵御精致利己行为和违法行为必要的保险措施。从定义上看，每个组织都是"价值观驱动"的，唯一的问题在于，推

[⊖] 一家美国超市，1978年成立于得克萨斯州奥斯汀。——译者注

动者选择了哪些价值观？

身处娱乐业的迪士尼公司，其动画师、主题乐园员工和高管齐心协力，为全年龄段的儿童创造愉快的体验。我相信苹果公司在做美的生意，该公司利用庞大的人才队伍为客户提供具有高审美水准的产品和服务。谷歌公司有许多人认为，公司是在做智慧的生意，他们认为自己的工作就是提高全世界人民的智商水平、分享知识和信息。尽管如此，遗憾的是，这种远大的目标和高尚的理想在企业界非常罕见。不过，我相信员工和企业持续的成功都源于高尚的追求。

对此，奥地利神经学与心理学家维克多·弗兰克尔（Viktor Frankl）持有类似的观点，他在《人类对意义的探索》（*Man's Search for Meaning*）一书中掷地有声地表示："成功与幸福一样，不能追求。成功一定会实现！只有一个人努力为一项事业奉献自己时，成功才会水到渠成地实现。"

这不禁让我再次担心起来。如前面所说，商业的语言为何如此无效、乏味和老套？是因为商业是工程师和经济学家的领地，而非艺术家和神学家的殿堂吗？是因为强调理性和实用会扼杀理想主义吗？我不确定。我确定的是，客户、投资人、纳税人和政策制定者都认为商业有一个灵魂黑洞，管理者要改变这一现状，唯一的办法就是重新占领道德高地，拥抱苏格拉底所倡导的善良、公平和诚实。

第 2 章

创　新

创新乃唯一之道

　　保持低调是一种新常态。全球数以万计的公司都面临着不景气的经济环境、强有力的竞争者，以及锱铢必较的客户。当受困于无休无止的压缩循环时，你就难以保持乐观的心态——即使你认为在这个世界中机会多于风险。如果你是创新大师，那你就更难高兴起来。如果你是一位副总裁，你一个得意的项目可能被一位新近得势、精于算计的人给搞砸了。如果你是一位努力创业的企业家，你可能辞退了几位关键人才，将成本压至最低。如果你是一位帮助他人创新的顾问，你可能会"冻结支出"，而不是在熙熙攘攘的十字路口，举着手写的标语"靠创意糊口"来推销自己。

　　近年来，左脑型思维的人占了上风，充满幻想的创新者也在力争发出自己的声音。然而，为了避免创新跌出企业的优先事项清单，我们需要提醒自己，我们所拥有的一切都源自创新。

我们拥有的一切均源于创新

感谢历时 4 亿年的基因创新,它使人类这个物种得以生存下来。远古的生命一直在通过有性重组和随机突变进行着基因重组实验。作为人类,我们是基因精英,通过感知、思考与无数基因事件和基因转写错误实现着创新。感谢上帝造人,如若生命也遵循六西格玛的精准原则,我们现在仍然是烂泥。无论未来等待人类的是什么,我们可以确定,要实现突破创新,那些"幸福的突发事件"永远都是最重要的。

我们的繁荣源于创新

我们大多数人不只是为了糊口而活着。从先辈的视角来看,我们当下的生活是其难以想象的安逸,因此我们也要感谢创新。千年以来的社会创新(social innovation)让无数人拥有了自我决定的权利,我们不再是奴隶和雇佣兵。我们生活在民主社会,人人思想自由,可以按照自己的意愿做事——这是创新的基本前提。反复的制度创新(institutional innovation)包含资本市场、公司法、专利保护等发明,其通过贸易、资本架构和企业家精神等方式为经济发展奠定了坚实的基础。百年来的技术创新(technological innovation)赐予了我们移动电话、即时通信工具、抵抗疾病的药物、有空前强大计算能力的机器和"替您录"数字录像机(TiVo)。随着技术的进步,我们的收入也在不断攀升。从公元 1000 年到 1820 年,全球人均收入增长了 50%。在随后的 120 年间,全球人均收入更是增加了 800%。[1] 简而言之,创新使人类摆脱了贫困。

我们的幸福源于创新

人类是唯一因为享受创造的快乐而创造的物种。无论是设计一个花园,弹奏一段钢琴曲，写出一段诗文，还是修整一张数码照片，装修一间房间或者研制一道辣菜等，人类在创造的过程中是最幸福的。没错，我们创新是为了解决问题、赚钱和发展。但是，对于我们大多数人而言，创新是一个结果，而不是手段。创新不需要一个实实在在的理由。创新是与生俱来的行为能力，我们别无选择。从克莱蒙特大学教授米哈里·契克森米哈（Mihaly Csikszentmihayi）[2]到哈佛大学教授泰勒·本－沙哈尔（Tal Ben-Shahar）[3]，专家们一致认为，人类在发挥创造力的时候是最快乐的。纵观人类历史，无数人被剥夺了发挥创造天分的机会，因为在他们生活的年代，要么创新工具的成本高得惊人，要么他们被剥夺了创新的权力。而我们这一代人是幸福的，我们有廉价的工具（比如价值100美元的视频编辑程序），我们可以结识全世界的创新伙伴，我们能够与任何人分享我们的创新成果（感谢互联网）。忘掉文艺复兴，忘掉启蒙运动和工业革命，我们身处在一个创新的黄金时代，我们要为此而高兴。

我们的未来将源于创新

如今，人类面临着一系列严峻的问题，亟须尽快想出新的解决办法。气候变暖、全球流行病、国家治理不善、毒品犯罪、核扩散、环境恶化等挑战需要我们做出体制创新。（借鉴谷歌智库的做法。）我们要学会如何解决多个维度和多重管辖的问题。在20世纪初叶，托马斯·爱迪生（Thomas Edison）和通用电气（General Electric，GE）发明了现代的研发实验室，借由一系列方案催生了一个世纪的技术进步，这些实验方法被人们争相效仿。现在，人类最严峻的问题不仅仅是技术性的，而涉及社会、文化、政治等多个范畴，且覆盖全球各个地区。正因为如此，我们应该像爱迪生那样，持续不断地创新。幸运的是，我们有"元创新"（例如创意市场、众包和协作分工），可以帮助我们实现跨越学科、领域、制度和意识形态的创新，这是人类当前战胜挑战的唯一方法。我们的过去有赖于创新，未来也一样依赖创新。

所以，不要放弃创新。创新并不是一时赶时髦，而是客观的唯一的方法。当前，不是每个人都这样想，但是总有一天他们都会认同的，哪怕是公司里那些只懂得削减成本的人。

全球创新公司分类

如果让你对全球最具创新能力的公司进行排名，你会筛选出哪些公司？如果你选择了谷歌、苹果或者亚马逊，肯定没人会觉得意外。那么，沃尔玛怎么样？（为什么？难道他们找到了打败小零售商的新方法？）美国的太平洋煤气电力公司（PG&E）怎么样？（选择一家公用事业公司？没开玩笑吧？）中国数据设备提供商华为公司又如何呢？即使这些公司不能登上榜单的前十名，但它们中的每一个都登上过《快公司》杂志（Fast Company）的创新全明星榜单。

在该榜单[1]排名前十的公司是：

1. Facebook
2. 亚马逊
3. 苹果
4. 谷歌
5. 华为
6. 第一太阳能（First Solar）
7. 太平洋煤气电力
8. 诺华（Novartis）
9. 沃尔玛
10. 惠普

如你所料,《商业周刊》(*Business Week*)也进行了创新排名,榜单[2]如下:

1. 苹果
2. 谷歌
3. 微软
4. IBM
5. 丰田
6. 亚马逊
7. LG 电子
8. 比亚迪
9. 通用电气
10. 索尼

只有苹果、谷歌和亚马逊 3 家公司在上述两个榜单同时出现。《商业周刊》的榜单上的丰田、LG 电子和索尼未进入《快公司》榜单的 25 强;位于《快公司》榜单之首的 Facebook,在《商业周刊》的榜单上仅仅排名第 48 位,竟然比菲亚特(Fiat)还落后 5 位,让人难以置信。相反,《快公司》榜单排名前十的华为、第一太阳能和诺华甚至未进入《商业周刊》榜单的前 50 名。

为什么会这样?难道创新的概念界定这样模糊,就连商业编辑对于哪些公司真正具有创新灵感都看法不一?显然如此。

有一个原因可以解释这种令人迷惑不解的状况。试图对地球上最具创新精神的公司进行排名,与对全球最有成就的运动员进行排名有些相似。怎么能将身体健硕的冰球运动员辛尼·克罗斯比(Sidney Crosby),牙买加飞人、奥运会名将尤塞恩·博尔特(Usian Bolt),力量与平衡完美结合的体操世界冠军杨威,以及 2010 年冬季奥运会 50 公里跨国越野滑雪冠军佩特尔·诺萨格(Petter Northug)放在一起比较呢?答案是不能比较!但是这阻挡不了热衷排名的人。几年前,一个由《华尔街日报》(*Wall Street Journal*)选出的五人评委会将田径运动员罗曼·塞布勒(Roman Sebrle)评为全球最佳运动员。（没错，就是那位捷克十项全能运动员罗曼·塞布勒。）[3] 尽管排名总是具有娱乐性，但是此类榜单很有可能引发争议。

创新企业榜单的排名也是如此。对于想学习创新的人来说，排名没有什么价值，因为榜单无法区分五种不同的创新者。

火箭型

第一种创新者类型是火箭型，指由于新奇的商业模式而快速发展起来的年轻公司。最近的例子（摘自《快公司》杂志的后续排名）包括在线奢侈品零售商吉尔特集团（Gilt Groupe）、在线视频网站 Hulu 和免费在线音乐播放软件声田（Spotify）。与其他新兴公司一样，这些快速成长的公司依然在强化其最初的战略。这些商业新贵尚未遇到改变其商业模式的挑战，历史证明它们当中肯定有许多最终会失败。就像一位天才少年，随着年龄的增长，他的知名度会越来越低，许多创新型公司在走向成熟以后的知名度亦是如此。

实际上，偶然想出一个创新性的商业模式与其说是靠天分，不如说是靠运气。尽管如此，偶然间走运的公司创始人往往最终会被视为预言家。结果是，年轻的公司要发展，过分依赖一两个核心人物描绘的愿景，不会自下而上地培养出创新商业模式的能力。当创始人描绘愿景的能力不断减弱时，公司创新的步伐就会慢下来，公司在创新排行榜上的名次也会跌落下来。

2006年，星巴克、西南航空、宜家和 eBay 在《商业周刊》的排行榜中都位于前 25 名。但是，4 年之后，它们当中无一维持了原来的排名。在发展初期，它们曾是行业的革命者，但是随着不断的发展，它们不再是创新的先锋（尽管这些公司都运营得不错）。

如果你要测量保持创新性的难度，可以想一想：2009年位于《快公司》杂志最具创新性公司榜单50强的公司，有2/3在2010年都未能入围。说到创新，能够长久站在冠军领奖台上的公司凤毛麟角。

然而，新公司值得我们去关注。虽然我们无法从它们身上学到如何系统地打造创新性公司，但它们战略的改变常常能使我们看到商业模式的创新。比如，星巴克的创新经历了从热气腾腾到不温不火，我们依然能从中学到很多，它的成功在于将低价值的产品转化成了高价值的体验。

桂冠型

第二种创新者类型是桂冠型。这些公司年复一年地进行创新，即使是在狭窄的技术领域也坚持创新。它们在研发上投入了亿万美元资金，聘用了成千上万顶级的专家。这类十年如一日地坚持创新的公司有通用电气、英特尔、LG电子、三星、诺华、微软和思科。

桂冠型公司经常出现在最具创新性公司的榜单上，同时占据着大多数专利排行榜。这不仅证明了它们源源不断的创新性，也说明了行业新进入者在打造世界级研究组织时所面临的障碍。比如，IBM连续18年夺得美国专利数量之最。[4]

在物理、生物化学和计算机科学领域，要实现根本性进步是非常难的，需要数十位博士，并且耐得住寂寞、掏得起腰包。比如，发明一种新的线上零售模式，要比原子量级的精细制造容易得多。正因为如此，英特尔、三星和东芝最近要联合起来研制10纳米的电脑芯片。

尽管桂冠型公司具有创新性，不过其仅仅停留在一个维度。它们在推动科技前沿方面比较突出，但是并不擅长在其他领域创新。比如，英特尔努力进入邻近的市场，虽然它的芯片在服务器和台式电脑领域占据主导地位，但是经过多年的努力，其依旧未能在智能手机和平板电脑领域占据一席之地。[5] 事实证明，设计强大的处理器所需的技术与开发低端电源芯片所需的技术并不相同。

再来看看三星。即使在 2010 年三星获得了 4551 项美国专利，[6] 但是它在美国并非液晶电视的第一品牌。这一殊荣属于瑞轩㊀（Vizio），该公司成立于 2002 年，员工不足 200 人，销售额却有 25 亿美元之高。与以研发为中心、采取纵向整合模式的竞争对手不同，瑞轩从独立的亚洲供货商处采购屏幕。效仿戴尔的方案，瑞轩在消费电子行业进行了"去垂直化"。一个绝妙的商业模式常常会超越一项耗资数亿美元的研究。

如果你想学习如何实现研发生产力的最大化或者管理专利，可以从桂冠型公司身上学到很多。

艺术型

艺术型是第三种创新者或者更小类别的创新英雄。这些公司身处创意产业，创新是其主要产品。最受追捧的此类公司有艾迪欧设计公司（IDEO）、宝马设计工作室（BMW-Design Works）和灰色纽约广告公司（Grey New York）。它们在《快公司》的排行榜上都名列 50 强。

艺术型公司的员工都是创造时尚品位的人，他们身穿黑色牛仔服，拥有价值 1000 美元的咖啡机，知道怎么做出病毒式视频（例如一个会说话的婴儿为一家线上经纪公司做广告）。艺术型公司每年获得的奖项都是它们应得的，因为它们拥有的是内在的优势。毕竟，它们进行招募人才、开发人才和管理组织空间等一系列的工作，都是为了激发天才。公司的一切设计

㊀ 公司总部位于美国加利福尼亚州尔湾，旗下知名的高清电视机品牌名与公司名一样。——译者注

都是有目的的，所以，艺术型公司向客户销售的是它们右脑思维的成果，或者说，它们在挑战客户的大脑半球。

不犯错误，做出"跳出盒子之外"的设计，比如说为贫困地区设计价值 25 美元的厕所，对艾迪欧设计公司的杰夫·查平（Jeff Chapin）来说是挑战。但是，如果与在一家注重控制成本、色彩单调的公司里，坐在像棺材一样大小的工位上相比，坐在一家像艾迪欧这样时尚、充满活力的设计公司里，事情会简单很多。

专业化有其优势。如果在一家艺术型公司工作，你不必花费半天时间说服老板采纳你的创意，他会认为只要足够努力，企鹅也能展翅高飞。

大多数公司没有条件只将精力专注于创新这一件事上。它们必须在解决各种小问题或者完成数百万笔交易的同时进行创新。从艺术型公司的身上，我们能够学到很多东西。虽然你的公司可能不是个创新的天堂，但是你依然能够在下次召开员工会议的时候，融入艾迪欧公司的创新原则[7]：

1. 鼓励各种奇思妙想
2. 借鉴他人的意见
3. 聚焦于讨论的主题
4. 逐一发表意见
5. 运用可视化的元素
6. 多多益善
7. 延迟判断

电子人型

第四种创新者类型为电子人型。像谷歌、亚马逊和苹果这样的公司在创建之初，就怀着远大的目标，要实现创新上的超人功绩。在这些企业中，你不会看到工业时代的基因：它们的管理实践建立在自由、精英、透明和实践的基础上；它们的创新过程永无止境，创新战略十分灵活，好像源自另外一个太阳系；它们的首席财务官是公仆式的而不是老爷式的。

电子人型公司不仅仅有创新的商业模式，还拥有新奇的管理实践，比如谷歌公司60∶1的管理幅度，以及苹果公司自上而下对"快乐应用"（joy-of-use）的迷恋。与新手公司一样，许多电子人型公司的经营者是魅力型创始人，与其他企业家不同的是，他们富有远见并且未被某种特定的商业模式所禁锢，他们努力在公司内建立一种持续更新的能力，并且大多数都取得了成功。在过去几年里，亚马逊从一个基于网络的图书零售商先后转变成互联网购物巨头和云计算领军企业；谷歌孵化出许多新型在线服务，对其核心搜索业务进行了有效的补充；苹果开发了一系列新业务（包括数字音乐和智能手机），大大超出了其起家的计算机业务。

与桂冠型公司不同，电子人型公司在多个维度上具有创新性；与火箭型公司不同，它们可能会出现在明年以及后年最具创新性公司的榜单上。

问题在于，具备了仿生能力的电子人型公司，会让其他人感觉自己是笨蛋。如果你在一个只有人类自身的公司（一个充斥着陈腐和顺从管理方式的公司）工作，那么谷歌自由的企业文化、活泼的氛围可能让你难以接受。若你的组织没有自下而上建立创新文化，你想将公司转变成为一个创新新贵，要比与超级名模或者影星乔治·克鲁尼（George Clooney）约会还难！你就错在这里。

重生型

实际上，有几位"老家伙"已经破解了创新的密码。在这些重生型创新公司中，宝洁（Procter & Gamble，P&G）、IBM 和福特（Ford）可能是最负盛名的。数十年来，这些庞然大物无论是自上而下还是自下而上，都是等级分明、效率低下的。它们一再被那些"不太正统"的后起之秀超越，终于有一天，它们不得不面对失败，并因此找到了自己的信仰——不是那种"每年两次只在宗教节日才践行"的信仰，而是让人"屈膝下跪，灵魂重生"的信仰。所以，它们会重新排列优先顺序，再次评估一生养成的习惯。

福特公司首席执行官艾伦·穆拉利（Alan Mulally）不遗余力地要打破公司原有的体制，以重新点燃员工生产伟大汽车的激情。宝洁公司前任董事长雷富礼（A.G. Lafley）实施了一项重大举措，旨在打开连通世界的创新通道，直到其于2010年离任。IBM在重构创新流程的道路上更加大胆。在过去10年里，他们孵化了"新商业机会"（emerging business opportunities）和全球"创新大会"（innovation jams），为这个一度被边缘化的公司带来了数亿美元的增长。（我此前的《管理大未来》（*The Future of Management*）一书，对IBM的"新商业机会"项目进行了详细介绍。）

如果对这些案例进行仔细研究，你就会发现它们有一个共同的基本点：从经常犯错到成为他人的标准，需要公司再造管理流程，包括计划、预算、组织、资源配置、绩效考核、人员招聘和薪酬福利等。我们制定的大多数管理制度（很久以前）都是为了提升纪律、控制、联合和预测的水平——这些是值得称道的目标。为了在创新上超越新进入者，公司必须对所有流程进行再造，以便能够大胆地去想，勇敢地去做。

成熟的公司对创新的限制并非由于资源的缺乏或者人才的创新性不够，而在于其对创新流程的支持不够。比如，在大多数公司中，你会看到：

- 接受培训进行商业创新的员工即使有，也为数不多。

- 员工中对客户和技术有深刻见解、有助于激励创新的人数很少。

- 要想创新，必须面对官僚的挑战，因为他们让你很难将时间和资源投入你的创意中。
- 直线经理不负责指导新的商业举措，缺乏明确的创新目标。
- 高管薪酬方案没有重视对创新的激励。
- 对于创新投入、过程和产出的测量和追踪不够系统。
- 对创新概念的界定没有达成共识，因此对跨团队和跨部门的创新成效无法进行比较。

奇怪的是，《商业周刊》和《快公司》的全球最具创新性公司榜单前50名都没有惠而浦（Whirlpool），这很让人意外。据我所知，惠而浦的创新转化机制无人能及。在过去10年中，这家密歇根州本顿港（Benton Harbor）的电器制造商，为了不断实现创新，完成了管理流程的再造。在采访惠而浦公司创新副总裁南希·泰纳特·辛德（Nancy Tennant Snyder）时，我了解到，在过去7年中，该公司创新管道的价值从零增加到超过40亿美元。这就是它得到的创新回报。[8] 如果你想详细了解如何从创新"小白"成长为创新大师，建议阅读南希最近出版的《解放创新》（*Unleashing Innovation*）一书，这是迄今为止我看到的关于"如何创新"最好的专著。如果一家历时百年的制造企业都能够将创新作为每位员工的工作、每天要做的事，那你的公司没有理由不这么做！

激发伟大的创意

1964年发生了一起标志性的事件，俄亥俄州一家电影院的老板因影厅播放法国电影《情人们》(Les Amants),被美国最高法院宣判犯有淫秽罪。法官波特·史蒂文斯(Potter Stevens)在总结陈词时表示,虽然他不能对色情给出一个准确的定义,但是当看到色情的东西时他就知道。伟大的设计也是如此,我们看到的时候就知道什么是伟大了。问题在于,我们看到的太少。

有这样一个案例。数周以前,我乘坐了联合航空公司全世界最不舒服的航班从芝加哥到旧金山,飞行了 3000 公里。虽然我坐在靠前的位置,但是感觉座位和帆布座椅一样不舒服:U 形金属框架上放着的垫子,已经变成了一块松散的布;座椅由后向前倾斜,对大腿起不到任何支撑作用。在长达 4 小时的飞行过程中,我不停地扭动着身体,但是座椅像钳子一样牢牢地夹着我的臀部,让我无法摆脱。我想,怎么会有人设计出如此令人难受的飞机座椅?我想,设计得如此糟糕,一定是故意的。也许这种艾龙铝基合金(Aeron)座椅的设计者比尔·斯顿夫(Bill Stumpf)有一个双胞胎弟弟有虐待情绪,专门设计出这样让人难受的航班座椅来取乐。

当月早些时候,我在米兰参加了一个会议,在那里看到了一家意大利健身器材商泰诺健(Technogym)的产品。我去过许多健身房,大多数健身器械似乎都是由中世纪半盲的地下城主设计出来的,而泰诺健的 Kinesis 多功能健身器只有一个倒挂的台球桌那么大,竟然可以挂在墙上。Kinesis 健身器的四角各有一个闪闪发亮的手臂,钢缆穿过上面两臂到下面两臂,最终绕到底座;6 个塑胶扶手可以调整到不同位置,方便健身者做 200 多种不同的动作;胸口高的位置装有一个像 iPod 触摸式的小轮子,健身者只需一根手指就可以调整推拉的高度;Kinesis 的外壳是玻璃的,放在房间里几乎看不到。它的设计者安东尼奥·奇特里奥(Antonio Citterio)用事实证明了,即使是健身器,意大利人也能设计得如此性感。

以上两个反差极为明显的例子让我不禁思考设计的威力和重要性。伟大的设计之所以能够让人们发自肺腑地感叹，是因为以下四项。

出乎意料。一款设计一流的产品是有智慧的、令人惊异的，你看上一眼就会不禁感叹："天哪，太酷了！"比如，苹果手机在美国上市不久而英国尚未上市时，我买了一部，在与《经济学人》（*Economist*）一位记者面谈时，我拿出了这个亮闪闪的宝贝，在桌面上推过去给她看。她拿了起来，立即像10岁小姑娘那样开心地笑了起来。这就证明苹果的设计是伟大的。

功能强大。一款设计优良的产品往往功能比较出众、几近完美无瑕，就像Ziploc保鲜密封袋、流金岁月（Tivoli Audio）桌面收音机、飞利浦电动牙刷（Sonicare）、雀巢胶囊咖啡机（Nespresso）以及谷歌的门户网站。伟大的设计都很巧妙、直观，能够完美地实现其功能，没有任何多余的东西。

外观精美。伟大设计的最高水准就是产品外观漂亮，能勾起你拥抱甚至"舔舐"它的欲望。比如，一辆熠熠生辉的保时捷911、一台徕卡（Leica）M9相机、一把伊姆斯躺椅（Eames lounge chair），或者诺悠翩雅（Loro Piana）的任意一款奢侈品。一个真正伟大的设计会带来视觉上的享受，就如同丝滑的冰淇淋带给舌头的口感。

认真负责。设计质量要达到世界水平，必须做到认真负责。比如，丰田普锐斯汽车和耐克"垃圾话"运动鞋（trash talk sneaker，用废布条和回收的鞋底制作而成），消费者对产品社会责任的要求越来越高，这反映出人们对环境的保护意识和对创新的狂热追求与日俱增。

不幸的是，在大多数公司里，设计依然是事后才想起的事情。每一台苹果手机或艾龙铝基合金座椅的背后，都是成百上千个愚蠢设计的例子。比如，几乎每种电器都有撕不开的包装袋；在大多数宾馆的淋浴器上，我们都能看到贴着小得看不清的文字；人寿保险单上绕圈子的费解语句；拨打客服电话时，多达 6 层的选项菜单，就是不帮你转接到合适的人；汽车里的数字时钟设置程序烦琐到违背人性。我不知道宇宙中有什么东西能证明智能设计的存在，但是我们能够保证日常生活中成千上万的产品绝对没有智能设计。

艾迪欧设计公司的蒂姆·布朗（Tim Brown）就想改变这一现状。作为全球顶级设计公司的首席执行官，蒂姆认为，大多数组织对伟大设计威力的欣赏和运用都不充分。他说的很对！回顾过去，大多数管理者将设计视为装着仙土的小壶，在生产家用产品的时候，只要撒上一点儿仙土就万事大吉了。蒂姆则认为，设计应被当作基础的商业学科，它能够为企业带来疯狂而忠实的客户和丰厚的利润回报。

蒂姆认为"设计思维"需要渗透到每个组织当中，并且完成与组织其他部分的互动。考虑到蒂姆的职位，要说他是设计的传道者一点都不为过，大量的事实足以证明他的观点。

想一想苹果公司。在过去几年里，经济形势如此糟糕，加之苹果几乎每一款产品都有更加廉价的竞争者，它如何能够轻松地实现骄人的业绩？答案当然是，精彩绝伦的设计。苹果的硬件、软件、包装、零售和技术支持等所有产品都融入了它的"设计思维"。触摸苹果的产品就是触摸时尚和一种功能齐全的设计。

那么，什么是设计思维？在一次谈话中，[1]蒂姆概括了三个核心要素：观察、试验和定型。

开始时你先要观察，因为这是发现人们成败细微差异的唯一办法，或者说，这些深刻的洞察可以帮助你产生新的创意。大脑的试验也同样重要，因为只有愿意去发散思维、探索各种不同的选择，才可能实现突破。最后，方便快捷地定型是将创意从概念变为现实最有效的方法。通过"建立思想"，而不是"思考要建立什么",组织能够大幅度加快创新的步伐。

蒂姆相信,优秀的设计难得一见,不是因为其要求什么精深的技巧,而是极少有设计师接受过以人为本的基本设计理念的训练。

现在我很少乘坐联合航空公司的航班,尽管我们当地的机场是联合航空的"航空枢纽"。(天哪,难道这还不能说明一切?)相反,我信任维珍美国航空公司(Virgin America)。《旅游与休闲》杂志(*Travel and Leisure*)每年一度的调查显示,从 2007 年开始运营后,维珍美国航空公司连续 4 年荣获"美国国内最佳航空公司"的称号!作为乘客,我们能够发现其每一处的匠心设计,比如座椅舒适有加,我们在座位上就能用触摸屏点餐。此外,健康的点心,柔和的光线,一个可以旋转和倾斜的小桌板可放置 iPad,洗手间播放着柔和的背景音乐,每个座椅都配有电源插座,每架航班都有无线网络,空乘人员活力十足又不失幽默。最近一次飞行时,一个调皮的乘务人员承诺我们,她会"竭尽所能让我们找回安检时失去的尊严"。所有这一切,加上价格上的优势,完全碾压了那些设计不到位的竞争者。

上述案例说明了,与其说伟大的设计靠天分,不如说是靠共鸣——往往是最细微之处带给了客户最不同的感受。比如,最近我在一家酒店的淋浴间看到了一个奇怪的小东西。这是一个小小的三角形大理石块,固定在淋浴间的墙角,距离地面大约 20 英尺⊖高。我想,要是当作香皂架的话,恐怕有些低了。但是,它会是做什么用的呢?啊哈,后来我恍然大悟!原来这是供女士剃腿毛时放脚用的。要将这样细致入微的关注放大几十倍、几百倍,你的企业绝对会在竞争者中脱颖而出。所以,我建议,如果你是一位管理者,在公司文化墙上张贴以下简单的问题。第一,我们在哪些方

⊖ 1 英尺 = 0.3048 米。

面因考虑不周而惹怒了顾客，我们需要做何调整？第二，我们在不实际增加成本的前提下，能够为顾客提供哪些细微但是意外的惊喜？发动几百、几千人去思考这些问题，你会逐步将设计思维嵌入组织之中。

从创新"小白"到"高手"

在人类所有的运动项目中，高尔夫这项运动单位时间内释放的肾上腺素值最高。因为知道这一点，多年以来我迟迟不敢上场。当我把高尔夫与滑雪场高级滑道（black diamond）的俯冲或者高台跳水相比时，想到要花一整天的时间费力地用一个别扭的工具将小球推进小洞，我就觉得十分乏味——这简直是老年人才会干的事情。

但是，几个月前我还是去了，开车行驶在两个全世界最漂亮的高尔夫球场上——贝壳杉悬崖（Kauri Cliffs）和拐子角（Cape Kidnappers）高尔夫球场。这两个球场都位于新西兰北岛，可以领略到太平洋令人叹为观止的美景。很快，我便加入了几位朋友在加拿大爱德华王子岛（Prince Edward Island）组织的为期一周的高尔夫狂欢聚会。在那里，我挥杆过猛的动作再一次成为大家取笑和嘲讽的对象。他们说："下次，你要尽量慢一点。"

对于高尔夫，我从完全怀疑变成无可救药地痴迷其中的这一转变发生在十几年前，那时我正要在网上为《财富》杂志（Fortune）的封面文章撰稿。当时，我在浏览 eBay 早年的网站，无意中看到了高尔夫球杆的竞价。我随便报了个低价，以为肯定有人会报比我更高的价格，所以在宣布拍卖结果的时候都懒得去查看。没过几天，当走进办公室的时候，我发现了一个长长的一端凸起的纸箱。当我将一套亮闪闪的卡拉威（Callaway）球杆从纸箱中拿出来的时候，我忍不住喊了出口："哦，该死！"几天之后，我驱车到了斯坦福大学，手里握着一根 7 号球杆，身旁放着一桶球。我第一次挥杆就抡空了，球杆打到了球后侧一英尺的地上。第二杆，我嗖一下把球打偏了，就连身旁的工作人员也吃惊地看着我。我想："天哪，这也太难了！"打了十几杆之后，我总算找到感觉了，高尔夫球被打出去后发出的嗖嗖声，听起来比法拉利跑车启动时的声音还要悦耳！那白色的小球应声飞了起来，在秋日的天空上盘旋着。随后，它在 150 码[一]开外的地方落了下来，轻轻地在草地上弹了几下。

哇！我把球打出去的距离竟然比三分本垒打还远！第一次如此兴奋的时刻，我感觉好像吞下了比强效可卡因威力更大的毒品！与所有上瘾的人一样，我对高尔夫球的爱好让我花费不菲：场地费、每一年半一次的会员费、教练费、助教费以及往返国外高尔夫球场的旅行费等。

高尔夫的击球动作被称为"所有运动项目中最难的"——即使有这一标签，你依然会感到心理准备不充分。要想将球精确地打到目标位置，你必须做到心无旁骛，只想着目标，但是又得抵抗住去看目标的诱惑。此外，你的胳膊和手都要放松，你要像拧橡皮筋一样转动自己的躯干：你在不足一秒钟的时间内要将球杆从静止状态挥动到时速 90 多英里[二]的速度，同时还要抵挡住"用力过猛"的诱惑。但是，实践了上述技巧之后，即使是缺乏运动技能的中年人，也能成为一个受人尊敬的高尔夫球手。只要勤于训练，就算是业余人士，每个回合都总能打出那么一两次职业高尔夫巡回赛上的精彩击球。通过这一事实，我们不难得出结论——"老狗也能学会新把戏"，尽管老话不是这么说的。

[一] 1 码 =0.9144 米。

[二] 1 英里 =1609.344 米。

正因为如此，我保持乐观的心态，我认为公司能够大幅提高创新的绩效。在过去几年里，我和同事们用事实一次次证明了，只要工具选择得当、培训到位，我们就能够将"普通员工"转变为杰出的创新者。

不断追求进步的首席执行官都明白，创新是企业的生命线，但是能够让每位员工都参加强化培训，以期提升其创新能力的首席执行官却为数不多。当然，纵然众多公司都设置了电子意见箱、金点子奖励基金、渠道管理工具以及创新奖励等，但就是没有经过系统培训并具备良好技能的创新者，因此大量此类创新投资都被浪费了。

试想，你连哄带劝地把一个有热情但是经验不足的高尔夫球手带到圆石海滩（Pebble Beach）的开球区。你把最新的钛金属球杆递给这位新手，鼓励他用力挥杆。如果他每次挥杆，球都能不偏离球道，你就奖励100美元；如果还能打出标准杆，每进一球再奖励100美元。但是，有一些限制：不能给新手任何指令，不能让他看书，不能让戴夫·派尔兹（Dave Pelz）或者大卫·莱德贝特（David Ledbetter）亲自指导他，⊖也不能让他看录像回放。当然，他也不能在其他时间练习。在这种情况下，这位新手能在球道上打出多少个200码的球？他还能在高尔夫这项运动上坚持多久？你花费了2000美元买了球杆，向圆石高尔夫球场支付了价格不菲的场地费，最终得到了什么？答案是次数不会多，时间不会久，收获也不会大。但凡对高尔夫有一点了解的人都绝对不会做出这样愚蠢的事。

因此，看到为数如此之少的公司在一线员工身上进行创新投资，我简直惊呆了。最不客气的解释就是，高级管理者认同一种名为"创新隔离"（innovation apartheid）的思想。他们认为，只有极少数天资过人的灵魂具有创造性，而大多数人都很平庸，充其量只能想出不断改进的建议这样的

⊖ 两人系美国知名的高尔夫球教练。——译者注

东西。

既然如此，我明白了首席执行官是怎样得出结论的。高级管理者每天都要面对许多新想法，很可惜其中大多数要么不成熟，要么"完全疯了"。过不了多久，他们很容易就会认为所有这些蠢主意一定是笨蛋想出来的，而不是那些没有机会提高创新技能的人提出来的。

公司设置"创意市场"时，这种失望就会成倍增长。高管很快会发现，大多数创意大致可分为两类：一类是不经过大脑思考的，一类是古怪到无法实现的。

当我试图说服首席执行官在系统创新培训上投入时，他们的反应常常是："我不知道为什么要这样做，我们已经有了很多创意。我们不能给它们都投资。"我问道："但是，这些创意有多少是重要的、可操作的，或有可能改变游戏规则的？"大多数高管会回答："哦，这样的创意没多少。"问题就在于此：虽然创新是一种数字游戏，数量很重要，但是质量也同样重要。要提高组织创新的质量，我们必须先提升创新思维。

成功创新者的感知习惯

很显然，我们只有明白了能够带来巨大改变的创意来自哪里，才能够将他人培养成为创新者。我们需要像本·霍根⊖（Ben Hogan）的挥杆理论一样的"创新理论"。[1] 正因为如此，几年前我主持了一个项目，对百余个商业创新案例进行了分析。我们的目标是了解为何有些人能够看到其他人看不到的机会。我们得到了以下一点点的收获：成功的创新者看待世界的方法能够让新的机会清晰地浮出水面——他们会自然而然地养成一套感知习惯，使得他们穿透现象的迷雾，看到事物的本来面目。他们为什么能做到

⊖ 美国知名高尔夫运动员。——译者注

这样？因为他们通常会关注被人忽视的四个方面。

未被挑战的正统

要成为一位创新者，你必须向他人习以为常的观念发起挑战。那些长期以来的臆断，挡住了高管们创新的道路。

在任何一个行业里，心智模型都会随着时间的推移而趋同——高管们阅读同样的商业杂志，参加同样的会议，咨询同样的顾问。随着时间的推移，其智力的基因池会变成死水一潭。

成功会加速这一过程。有效的战略能够转化为可操作的政策，能够产生实践，并将其固化成习惯。这些僵化的战略为那些不循规蹈矩的竞争者创造了新的机会，使其能颠覆行业规则。Salesforce⊖就是这样一位叛逆者。这是一家客户管理软件供应商，较早提出了"软件即服务"（SaaS）商业模式。传统上，企业客户获得软件程序授权后，将其安装在服务器上，并为升级和维修支付年费。Salesforce 的模式改变了这一现状：软件在云端运行，客户每月支付使用费。这种交付模式降低了成本，提高了操作的灵活性。

创新者是天然的叛逆者，只需稍加实践，人人都能学会如何发现和挑战长期不变的理念。你可以用以下几个问题，来激发团队中叛逆者的本能。首先，你的业务在哪些方面不同于竞争者对手？价值观主张、服务包、定价、客户支持、分销或者供应链是否有别于他人？其次，在过去三五年里，你的商业模式中有哪些方面保持未变？无论何时，当你发现大家认识统一时，该问问这是基于某种不可违背的物理法则，还是人为地因循守旧。系统地揭示这些看不见的信条，我们就能够将"反动派"变成叛逆者。

⊖ 总部设于美国旧金山，创建于 1999 年 3 月，可提供随需应用的客户关系管理平台。——译者注

未被重视的趋势

创新者密切关注出现的新趋势，以及刚刚出现的与过去的"断层"，这种"断层"有可能使老业务焕发活力或者创造新的业务。

根据我个人的经验，创新者不会浪费大量的时间去思考可能变化的是什么，他们并不太擅长做长远规划。

此外，他们十分关注正在发生变化但是并未受人关注或者被行业的忠实分子所忽视的细节。创新者持续关注不断出现的技术、规则、生活方式、价值观、地缘政治等"断层"，这些因素可能会推翻原有的行业结构。这需要的仅仅是一个"广角镜头"，你必须从竞争者不关注的地方开始学习。如果你制定一种战略，能够撬动新兴但是威力巨大的趋势，而你的竞争对手不能感知到它，那你的企业在未来就能够取得长足的发展。

举例如下：十余年来，个体用户在视频媒体上的消费发生了巨大的变化。今天，在大多数国家，民众可以通过线缆或者卫星电视服务商收看视频节目。这些公司将成百上千的频道打包，然后每月向收看者收取不低的费用，这样用户就能够看到所有的节目。问题是，尽管频道很多，我们支付了所有的费用，但是我们只能观看其中的一小部分。对于一些用户而言，例如YouTube、Roku、Vudu、Hulu、奈飞公司⊖（Netflix）和AppleTV等的用户，这种商业模式总体上的效率是比较低下的，应该做调整了。有一个预兆，在近期的经济萧条中，50%的美国消费者联系了电视公司，要求下调月度收视费用。[2]

可能发生的巨变背后有两种使其与过去断裂的因素，即更流畅的宽带和更新的技术使网络视频传送得更快。值得注意的是，传统的电视节目经

⊖ 在线影片租赁提供商，从事提供互联网随选流媒体播放、定制DVD、蓝光光碟在线出租等业务。成立于1997年，总部位于美国加利福尼亚州洛斯盖图。——译者注

销商大多数并未积极地利用这些趋势。它们的懈怠为一群新的以网络为中心的竞争者提供了机会。在快速变化的时代，企业如果不能利用这种新的机会，或者因为可能危及其钟爱的商业模式而犹豫不决，最终必将遭到淘汰。

那么，如何帮助人们发现变革的征兆？要带领他们到边缘地带，让他们亲自接触未来。比如，带领韩国的营销团队参观硅谷，带领一群芬兰的工程师体验东京的俱乐部，或者安排一帮懂行的青少年为高级品牌管理者进行一次社交媒体培训，等等。

以我的经验，一个团队要瞄准潜在的重要机会，必须关注以下五个问题。第一，想到文化、政治、技术等因素时，你在最近几个月读到、看到或者经历了哪些让你意外、困惑或者不安的事情？第二，这些非同寻常的事情背后的动因是什么？当你环顾世界或者回顾过去几个月发生的事情时，你看到这些趋势在扩大范围，还是加快速度？如果发展速度还不算快，是范围在不断扩大吗？第三，如果你"向前播放电影"，这些趋势会如何发展？可能会出现哪些连锁反应？第四，在这些趋势中，有哪些是业内人士尚未探讨的话题？哪些话题是你最近一次参加的行业会议没有涉及的？第五，我们该如何利用这些机会，才能让竞争对手方寸大乱？指导个体系统地思考上述问题，给他们创造深入挖掘问题的机会，就能够提高他们识别和驾驭下一个浪潮的能力。

未被充分利用的技能和资产

每个公司都拥有技能和资产。一般来说，这些技能和资产都已融入商业模式的传承之中，但是一旦发掘新的功能，它们常常会变成创新和成长的平台。

当一家企业用业务界定自己时，而不是其所了解和拥有的——当它的自我认知基于产品和技术，而不是核心竞争力和战略资产时，创新就会受阻。要创新，我们需要将组织和周遭的世界视为一个技能和资产组合，可以无穷无尽地重新组合到产品和业务中去。

我们经常看到，迪士尼公司不断以新的方式部署其核心能力。例如，剧院部运营得非常成功，他们制作《狮子王》等表演秀、组织花车巡游等。该公司近年还冒险推出了迪士尼英语。他们让训练有素的员工借助迪士尼动画人物，为中国青少年提供英语培训。这项业务开始于 2008 年，如今在中国七个城市建立了学习中心。迪士尼英语的总经理安德鲁·舒格曼（Andrew Sugarman）相信，在未来的几年间，中国的英语培训市场会实现近 30% 的增长。[3] 从主题乐园或者动画电影的视角来看，迪士尼英语似乎有些奇怪，但是，如果你看看迪士尼公司的核心能力（包括招聘活力十足的员工、开发以儿童为中心的内容），再结合其战略资产（例如一大批孩子们钟爱的卡通形象），就很容易理解这项业务。此外，有一个非常有利的契机——中国的中产阶级快速增长，他们都认为英语是一种"领先于人"的技能，这是新业务蓬勃发展的基础。

以下问题能够帮助你的团队发现组织中潜在的财富。第一，你可能会问，要创造客户价值，我们拥有哪些独特而重要的技能和资产？第二，这些技能和资产还能在哪些方面提供增值？如何在其他行业用这些技能和资产来推动变革？正是这种思想引领宝洁公司的汰渍品牌在干洗行业占据了一席之地。尽管依然处于试验阶段，这一尝试仍说明了受人尊敬的宝洁品牌合理地延伸到一个高度细分的行业。如何撬动战略资源？这个问题可以用相反的方式来问。如果谷歌、Facebook、亚马逊、维珍或者其他非常受人尊敬的公司有意做行业创新，它们将如何利用其技能和资产？你如果与它们合作会得到什么？当员工学会以这种视角看待公司和他人时，创新的机会就会成倍增加。

未被表达出来的需求

持续创新的人善于发现客户习以为常且被大多数行业大师所忽视的不便、障碍和烦恼。

创新的目的在于给客户他们从未想到的东西，只要他们体验一次，就难以自拔。对你而言，这些东西是什么？对我来说，数码录像机（感谢TiVo）、在线饭店预订（好样的！OpenTable）、全球免费视频会议（感谢Skype），以及个性化的网络收音机（太棒了！Pandora）。

要给客户带来意外的惊喜，首先你必须发现他们没有说出来的需求。客户有他们正统的观念，与我们一样，他们被熟悉的事物所困。所以，你要问他们有什么需要。但是，你几乎得不到完全有新意的答案。因此，你要近距离、长时间地亲自观察，然后思考以下问题：我们在哪些地方浪费了客户的时间？我们哪些环节办事过于复杂？我们在哪些地方将客户视为数字符号而非活生生的人？哪些是我们应当解决的问题，但是我们转嫁到了客户头上？

以我的经验，要挖掘客户尚未表达出来的需求，需要掌握两种技能，只要稍加实践，几乎任何人都能够提高这些技能。第一项技能是当客户与你的公司、服务或者产品进行互动时，你要有能力读懂他们的情感状态。好消息是，我们大多数人都善于解读情感线索。但是，要了解人的需求需要走出去，获得这些情感的一手资料，以免其被市场研究专家过滤和加工。根据所在的行业，你可能会这样做：安排员工陪着客户填写在线保险单；安排员工陪着客户行走在购物中心的"迷宫"中；安排员工努力调整汽车的定位系统；帮客户申报乘坐航班时丢失的行李，等等。

我通常会用一个简单的框架，作为"移情"思维的基础。在横轴上，我会列出"客户体验链条"的不同阶段。

发现：客户是怎么对我们的产品或者服务熟悉起来的？是什么促成了他们对我们的认知和接触？

学习：客户如何了解我们和竞争对手的产品？他们去哪里进行了解和比较？

购买：客户如何与我们公司完成交易？采购环节的动力有哪些？

获得：顾客如何获得我们的产品或者服务？从甲地运到乙地需要什么物流？

使用：客户在日常生活中如何使用我们的产品或者服务？要从中受益，他们必须做什么？客户的体验都有哪些不同的组成部分？

连接：客户与我们的售后部门怎样互动？要提高客户的忠诚度、喜爱程度，或者减少他们的困扰和不满，我们要进行哪些互动？

在框架的纵轴，我会列举客户在体验的每个环节中不同的情感状态。我一般将其放在一侧：积极状态在上，消极状态在下，按顺序排列（见表2-1）。

表 2-1

积极的情感状态	
有价值	被信任
有交流	被尊重
有参与	自信
开心	投入
有授权	很轻松

（续）

消极的情感状态	
不被重视	不被信任
没有交流	被轻视
被忽略	困惑
厌倦	孤单
无助	焦虑

你可以给每种情感状态写上编号，当客户在体验过程中经历某一种状态时，让员工观察并记录下对应的编号。给员工提供一个简单的工具，以便他们观察并记录客户积极和消极的情感状态，以及促使他们产生这种状态的环节。这是一种非常有效的方法，能够帮助我们发掘出客户没有表达出来的需求。在这种情况下，询问客户为何产生某种特殊的感觉是非常有用的——"天哪，你看上去有些困惑，怎么回事？"捕捉到客户的第一反应对于理解他们潜在的需求大有裨益。

教会员工咨询专家只是第一步，还需要具体的想法，来重新设计客户体验，带给他们惊喜。要产生这样的想法，需要对员工进行培训，并且寻找和借鉴其他行业类似的经验。我们可以询问迪士尼、新加坡航空公司（Singapore Airlines）、Fandango⊖或者雷克萨斯（Lexus），如何让客户产生很好的体验，以及这些做法如何应用到我们的行业。创新不总是意味着发明，往往是对其他行业伟大创意的借鉴。

此外，一个简单的练习，能够帮助团队提高这种技能。召集一群员工或者客户，让每个人找出一种重构他们期待的产品或者服务——他们一看到的反应就是："哇，太棒了！"运用上述框架的目的在于找出一种能够给

⊖ 美国一家可以通过电话和互联网销售电影票的票务网站。——译者注

客户带来美好感觉的体验。其次，作为普通大众，那种体验有何特别之处，令你印象深刻？它究竟如何突破了人们的想象？答案可能包括："使用起来简单得难以置信！每一步都有人都陪着我走。""简直太好玩了！他们做得像游戏一样！""感觉太人性化了。每个人都记得我的名字。"从每一种体验中提取差异化的要素之后，你可以问："我们如何利用这一创意来重新界定客户对我们行业的期望？"

例如，教材生产商为何不能开发像魔兽世界游戏（World of Warcraft）那样的在线代数课程？超市对待提供高利润的顾客为何不能像航空公司那样——设置专门的付款台，并安排工作人员将其所购商品装上车？保险代理公司为何不能像房地产代理商或者股票经纪公司那样，向公众公开他们的佣金费用？

为了构建一个创新理论，我与几十位创始人进行了交流。他们并非全是绝顶聪明、充满艺术细胞，或者在非传统的环境下长大的。但是，他们有一个共同的认知习惯，其帮助他们超越传统：颠覆行业信条，放大微弱信号，利用技能和资产，关注客户的情感。

通过培训和实践，我们能够帮助员工将习惯予以内化。这需要时间，但是绝对切实可行。近年来，惠而浦公司将三万多名员工培训成商业创新者，并对一千余人授予了"创新黑带"资格，因此该公司才实现了如此抢眼的创新成绩。

对于有意打造持续能力的组织而言，首先也是最重要的一点：改变规则的创新就是教会员工如何以崭新的视角看待周遭的事物。这一点多次强调也不为过。如果不能直面这一挑战，你的公司将会充斥着"创新傻瓜"，他们的创意不会奔向正确的"球道"。

解构苹果

1997年我购买了一台平板电脑CrossPad,它是高仕公司(A.T. Cross)与IBM联合开发出来的产品。该产品被誉为一项突破,能够开启一个全新的品类——便携式数字笔记本。我个人经常要记大量的笔记,因此将潦草的书写转化成电子文档的想法,对我来说绝对不可错过。

实际上,与其说我追求时尚,不如说我容易随大流。当IBM的书写与语音业务系统部门负责人奥齐·奥斯本(Ozzie Osborne)宣布CrossPad将"重新定义客户对笔和纸的认知"时,[1]我竟无言以对。所以,我立刻跑出家门,买了一台。但是,一个月之后,它就与其他所有承诺会改变我的生活但未能做到的"革命性"产品一样,被闲置在书架上了。

这些年来,我变得不太容易受到科技自诩能实现乌托邦式愿景的影响。例如,最近我去了索尼专卖店,但是也没有买它的3D电视机。我遗憾地领悟到,许多稀奇古怪的电子产品的销售员不过是"王婆卖瓜,自卖自夸"罢了!

有鉴于此,你可能会想,2010年苹果公司宣布生产第一代iPad,开始铺天盖地的宣传时,我最起码是持怀疑态度的吧!不,我没有。可是,并非没有人怀疑。有人质疑苹果手机使用类固醇的必要性,有人抱怨没有手写笔,还有人指责说这不过是一个高价的电子书阅读器而已。相比之下,我发现,要挑战库比蒂诺⊖(Cupertino)引以为豪的东西是很困难的。这并不是因为我是苹果公司的铁杆粉丝(虽然这是事实),而是因为与其他我所了解的公司相比,苹果已将创新深深地植入了公司的DNA。

⊖ 美国一座城市,位于美国加利福尼亚州旧金山湾区南部圣塔克拉拉县西部,是苹果公司所在地。——译者注

后来我才意识到，对 iPad 的怀疑实在是愚蠢的。在刚上市的 9 个月里，这台小小的平板创下了 100 亿美元的收入，那可是 100 亿美元啊！如果将 iPad 当作一家公司，那么它在不到一年的时间里就从孵化期到了快速成长期，成了中等的《财富》500 强公司。我想，这一定是商业历史上前所未有的伟业！

在过去的 10 年里，苹果实现了一系列令人难以置信的成就！

- 在个人电脑市场一度被抛弃，如今却成为 1000 美元及以上电脑市场的领头羊。据估计，苹果在行业利润最高的细分市场占据的份额高达 90%。[2]

- 2003 年，苹果发布了线上音乐商店 iTunes。6 年后，它成了全球最大的音乐经销商，这是具有划时代意义的成就。截至 2010 年 2 月 24 日，人们在 iTunes 下载收费歌曲已达到 100 亿首。[3]

- 苹果虽然较晚才进入手机领域，但是其市场份额占到了 5%，收入更是比占市场份额 30% 多的诺基亚还高。[4] 要想知道这一成就有多么伟大，看一看下面这些数据。按照 Asymco 网站的统计数据，在 2007 年苹果手机上市时，诺基亚的利润占行业的 63%；仅仅 36 个月之后，诺基亚的全球利润份额跌落到 22%，而苹果手机则飙升到了 48%。[5]

- 苹果于 2001 年开设了第一家零售店。当时，许多分析人士都反对这一战略。今天，苹果零售店虽然为数不多，但是都十分精致，每平方英尺㊀给公司带来的收入是大卖场式竞争对手的 4 倍之多。[6] 据说，纽约第五大道的苹果店是其全球最能盈利的分店。[7]

㊀ 1 平方英尺 ≈ 0.0929 平方米。

- 苹果从 2008 年推出 App 商店后，成了全球最大的软件经销商。截至目前，开发者已经为 iOS 移动操作系统推出了 42.5 万个 App，消费者下载量已经超过 100 亿次。[8]

- 就在我写到这里的时候，苹果的市场价值已经达到了 3610 亿美元，荣登全球最有价值公司之位。相比之下，虽然惠普公司的年收入是苹果的 2 倍，但是市值只有 540 亿美元。

说这一切非同凡响都不够，简直就是无法想象！这就如同一位运动员在 6 种不同的项目上全部打破了世界纪录。也许有一天，苹果会被它的成功所害。但是，就算那样，它也会成为人类历史上最卓越的公司之一。事实上，如果我们编制一份榜单，列举有史以来最重要的公司，苹果也一定能进入前三名——其他两名为福特和通用电气，它们分别开创了大规模制造和卓越管理。

一家公司如何能够取得如此巨大的成就？一个组织到底如何才能够具备这些能力，不仅是对一个行业，而是对电脑、音乐、零售、手机、软件等五六个行业以及媒体和出版业进行再造？大多数企业从未再造过一个行业，在历史上也没有其他公司对如此多的行业完成了再造。

有人也许会说，应当从史蒂夫·乔布斯（Steve Jobs）说起，他富有灵感，从不妥协。他在 1976～1985 年以及 1997～2011 年执掌苹果公司。在后来的 14 年间，苹果公司的股价上涨了 110 倍之多。2011 年 8 月，乔布斯卸任公司首席执行官。短短 2 个月后，他就彻底被癌症击败，在商业历史上留下了无人匹敌的遗产。作为一个商业符号，他与亨利·福特和托马斯·爱迪生齐名，别无他人。很显然，没有史蒂夫·乔布斯就没有苹果公司。同样，该公司取得了无人企及的成就，原因显而易见：苹果不止乔布斯一个人有丰富的想象力，即使乔布斯一个人不眠不休，他也无法想出所有这些巧妙的创意，让苹果当仁不让地成为全世界最具创新能力的公司。

有人可能会将这些成就归功于苹果独特的商业模式。请行业分析师或者工商管理硕士研究生解构这种一流的绩效表现，他们可能会找出苹果一些独特的战略要素，具体可能包括以下几项。

重新界定竞争的基础。苹果在设计和使用便捷性上与众不同。与其相反，竞争对手则只是生产稀松平常、非直觉的产品。

将硬件和软件合为一体。苹果的大多数竞争对手要么做软件，要么做硬件，而苹果则在软件、硬件两方面都追求卓越。通过将软件和硬件设计紧密整合，苹果优化了系统表现，为用户带来了便捷和轻松的体验。

掌握多种互为补充的技术。可能除了三星公司以外，苹果比其他竞争对手掌握了更多的技术能力。虽然苹果直接生产的产品不多，但是它在半导体设计、高级材料、电池、续航管理、零件包装、App 开发和工业设计等方面均推出了突破性的产品，在掌控自身命运等方面具备明显的优势。

用天鹅绒手铐锁住客户。苹果公司非常善于锁住客户、排除竞争对手，目的在于为客户提供一流的"端到端"体验（赚取丰厚的回报）。正因为这样，如果你要给你的 iPod 购买音乐或者给 iPad 下载 App，只能通过苹果的在线商店完成。

搭建庞大的第三方开发者网络。苹果明白，竞争并非设备之间的竞争，而是生态系统之间的竞争。正因为如此，该公司投入如此大的精力，为 iPhone 和 iPad 培养了一个富有激情的全球性开发者社区——这一网络没有哪个竞争对手能够比拟。

将公司的核心竞争力拓展到新的市场。苹果的自我定义并非以某个产品或者市场为中心，而是一些深层次核心能力的组合。乔布斯在去世之前，将苹果定义为全球最大的"移动设备公司"（领先于诺基亚、三星和索尼），而不仅仅是一家电脑公司。[9] 十年前，没有人会将苹果与这些公司相提并论，因为它们的对手是微软和戴尔。

上面的话如果从逻辑上分析，不会令人满意。分析揭示出了"如何"的问题，但是并未解释"为什么"的问题。为什么苹果能够一再地改写行业规则？为什么向传统智慧发起挑战能让它这样感到自豪？为什么它能够将卓越变为日常工作？

我认为，苹果之所以成为苹果，不是因为某种特别的战略或者某个人，而是因为该公司对一系列理想的不断追求。在创新者、设计师、艺术家等人的世界里，这些理想并非个个都那么不同寻常，但是在《财富》500强的企业里，这些理想就如同戈壁滩上的水一样罕见！

再继续讨论之前，我想澄清一下，我对于苹果独具特色的价值观的看法不是基于内部研究得到的。乔布斯住的离我不远，但是他从未找我聊过天。不过，如果你问问自己，"一家公司如果想复制苹果的成功，需要尊崇哪些价值观"，答案是不言而喻的。

满怀激情

伟大的成功是伟大激情的产物，源于对崇高理想的不懈追求。对苹果而言，这种品德就是美。在 iPad 发布会的演讲中，乔布斯停顿了几次，看了看 iPad 说："拿在手上的感觉太棒了！"你想一想，惠普公司董事长会对自己的产品如此津津乐道，会兴奋又骄傲地介绍一件科技型艺术品吗？要多年实现无人匹敌的业绩，公司必须首先致力于追求无人能敌的理想！

引领而不是追随

我猜想苹果公司的大多数员工都讨厌模仿别人。当然，他们偶尔会借鉴微软或者亚马逊的创意，但是他们每天清晨起床就是为了不断实现突破。如果苹果有任何人辩解说最好当个快速的追随者，我会深感惊讶。当然，苹果也不总是新产品的引领者——在他们推出 iPod 之前，已经有了 MP3；在他们推出 iPhone 之前，已经出现了智能手机。但是，他们始终敢于挑战，勇于改变现状。

目标就是惊喜

作为一家公司，苹果致力于超越客户的期待——他们甚至会让最不感兴趣的客户也能眉开眼笑。正因为如此，在产品发布前，该公司总是喜欢保密，这不只是出于竞争的考虑。这种做法会让人产生一种惊喜，就像圣诞节早晨家长为孩子制造的惊喜那样。苹果想给客户施展一下魔法。在这一点上，苹果设计部负责人乔纳森·艾夫（Jonathan Ive）这样说："如果什么东西的运行规则超出了你的理解能力，可以说它就变成了魔法。"这就是苹果为自己设置的标准。顺便问一句，银行最近一次带给你惊喜，而不是糟糕的体验，是什么时候？

不合情理

伟大不是妥协的结果，不是接受让别人愉快的权宜之计。伟大是超越权宜之计，是将"要么选 A 要么选 B"变成"选择 A 和 B"。苹果深谙此道，所以经常挑战自我去做不可能的事，生产出外观精美、功能强大的产品。苹果证明了一家公司不一定要在高价值和低成本之间做出选择。苹果不仅是全世界最具创造力的公司，同样也是效率最高的公司之一。说到精益管理，苹果丝毫不亚于丰田、沃尔玛或者戴尔。这有一个很重要的结论：如果你靠竞争对手的妥协求得生存，你是无法超越它们的。遵循常理的人无法实现突破。

持续而普遍地创新

在苹果，创新不是一种战略或者属于某个部门，而是渗透到公司方方面面的根本。从只有饼干一样薄的苹果电脑（MacBook Air）、应用程序商店，到天才吧（Genius Bar），创新无处不在。很显然，苹果许多员工都认识到，无论是产品、服务还是商业模式的创新，都是创造长期价值的唯一战略。如果是这样，我们不得不相信，对于苹果的许多竞争对手而言，创新依然是其附属品罢了。

功夫在细节

苹果产品的设计美感名声在外，但是伟大的设计不仅仅是敢于去做，而要把所有细节做好，使其形成一个整体，这样产品才能精美绝伦——以苹果的产品为例，笔记本电脑靠磁力接触的电源线，iPod精美的包装，每台苹果电脑浑然一体的铝胚，以及其他我们能够看到的东西。你经常会听到苹果的高管说："这就管用！"公司旨在生产出直观、完美、可靠的产品，只有无数员工都肯在细节上下功夫，这种目标才能达成。

像工程师一样思考，像艺术家一样感觉

如果善于算计的人能够赢得每次的辩论，那么一家公司是无法生产出漂亮的产品的。几年前，当我参观位于第五大道的苹果零售店时，我这样想。如今，这家店已经成为最醒目的地标之一：几个巨型的方玻璃屋子中间

挂着苹果的标识。

如果你没去过这家店，用谷歌搜索一下。现在问问自己，这是设计店铺入口最经济的做法吗？显然不是。你能让你们公司首席财务官通过这种造价很高的方案吗？没门！但是，在苹果为何能行呢？正常人的颅腔中有左右两个半球，他们认为客户的大脑也是如此。苹果的高管明白，可爱、时尚、出乎意料的事物能够激起客户发自内心的反应——这种反应也许不容易量化，但是一定能够变现。

准确地说，我们不认为苹果一开始就想清楚了这一切。有很多人会告诉你，与竞争对手一样，苹果也有垄断的倾向，或者将其成功更多归功于天花乱坠的广告宣传，而不是对产品真正的理解。高管团队保持谦卑，没有人会指责。然而，有一个不争的事实：苹果是有史以来最成功的公司之一。

那么，我们来做个比较。以下左侧的价值观为苹果所独有的（或者我认为苹果所独有的），你的公司有哪些特点呢？我猜想，应该更接近右侧的价值观吧！

满怀激情	保持理性
引领而不是追随	小心谨慎
目标就是惊喜	目标就是满足
不合情理	切合实际
持续而普遍地创新	需要时再创新
功夫在细节	差不多即可
像工程师一样思考，像艺术家一样感觉	像工程师一样思考，像会计一样感觉

与苹果不同，大多数公司在财务会计上占优势，在艺术层面则明显不足。运营公司的高管们对成本了如指掌，却对价值几乎一无所知。这样说

是否有些言过其实？就算是，我们来看最近的一个案例。数周之前，我被迫再次乘坐了联合航空公司的航班。我花了1000美元买了一张单程一等票，当空姐端上一杯全世界最糟糕的脱咖啡因咖啡时，我忍不住彬彬有礼地询问咖啡的来源。空姐抱歉地回答我："是从'茶包'里拿出来的。我们几个月前就停止供应现磨的脱咖啡因咖啡了。"我不知道联合航空公司做出这一调整能节省多少钱，但是公司在客户服务上锱铢必较的方式，至少已经从一位商务乘客身上损失了数万美元。这位乘客正是鄙人！

与许多一心关心成本的管理者一样，美国精打细算的会计人员好像忘了，生产力有两个决定因素：组织利用资源投入的效率和客户赋予产品产出的价值。高管常常错误地将"好价值"与"低价格"画等号。正相反，"好价值"应当意味着付费基础上的"突出价值"。从历史上看，苹果的许多产品都有附加费，但是消费者依然蜂拥而至，因为产品乐趣无穷、功能强大。简而言之，过于理性的高管会生产过于乏味的产品。

总之，苹果独特的成功是其独特价值观的产物，他们的价值观对创新友好、以客户为中心。因此，我认为其他任何公司很难快速复制苹果过去十年来取得的成就。但愿我是错的，也许我就是错的。试想一下，如果苹果的例外变成常规，全球领先的保险公司、出版社、银行、航空公司或者连锁酒店等都去追随这些理想，那会怎样？如果每次到美国国税局（Internal Revenue Service）与他人交流或者申请建筑许可证的时候，你都能遇到苹果那样激情的员工，会感觉怎样？好吧，我现在产生了幻觉。但是，我依然忍不住去梦想一个世界：苹果变得不那么突出了，因为其核心价值观变得不那么突出了。苹果可能在许多方面获得了专利，但是让它至少一度成为全球最成功企业的价值观却没有专利。创新至关重要，苹果公司就是一个积极的例证！

第 3 章

适应能力

改变变革的方式

一千年后的人们将怎样看待现在的我们？两千年之后或三千年之后又会发生什么不同寻常的事情？是人类解码基因组或者向火星发射航天飞机？还是出现全球性的数字赋能民主运动？抑或人们应对或不应对气候变化的方式？所有这些都值得关注，但是最重要的是，我们这一代人在变革问题上过于苛求。

没错，变革已经发生了改变。我们周遭的各种事物都在以指数倍的速度发生变化，包括全球手机数量、二氧化碳排放、数据存储、半导体芯片功率、互联网设备、基因排序、世界能源消费以及知识本身等。作为普通人，我们对指数倍增长的变化体会不多。例如，监管者和风控官在努力控制抵押债券病毒式增长，这算是个小小的奇迹了。1998 年，未偿还信用贷款合同额只有 3000 亿美元，但是 10 年后，这一数字达到了 62 万亿美元，复合年增长率超过了 70%。

很显然，没有永远指数倍增长的事物，有些趋势放缓（如手机占有率的增长），但有些趋势则在飞速增长（如社交媒体的爆炸式增长）。当这些趋势交织在一起时，就形成了一种新的现象——例如快闪、具有地方特色的网络App等。过去的几百年充斥着饥荒、疾病和战争，但是从未有如此众多的事物如此快速地发生变革。

我们生活的世界中，处处都是标点符号，没有等式，未来越来越少地基于过去的推演。变革是多面性的、无情的、煽动性的，有时也是惊人的。在这个变革的大旋涡中，"长寿"的政治王朝、受人尊敬的制度以及历经百年的商业模式面临着风险。

今天，任何一个组织都面临着一个最重要的问题：我们变革的速度与周围的世界一样快吗？大多数首席执行官可能会回答："不一样快！"在一个又一个行业里，变革的弄潮儿是反叛者，而不是在位者。比如，是谷歌，而不是微软；是Zynga㊀，而不是美国艺电㊁（Electronic Arts）；是现代汽车，而不是克莱斯勒；是亚马逊，而不是巴诺书店㊂（Barnes & Noble）；是苹果，而不是诺基亚；是亚洲航空（Air Asia），而不是日本航空（JAL）；是瑞轩，而不是索尼，等等。但是，行业的先锋和牺牲者在变革面前一样不堪一击，成功的机会从未像现在这样稍纵即逝。

我们稍微反思一下近年来手机业务的发展历程。摩托罗拉于1983年开创了手机行业，它出产的DynaTAC大哥大㊃一度无人能敌，处于全世界领先地位。10年后，诺基亚横空出世，推出了易于生产的直板手机。20世纪末，诺基亚手机迷人的设计和火爆的扩张，让这家芬兰公司拥有了40%的

㊀ 社交游戏公司，总部于美国旧金山。其开发的游戏多半是网页游戏，并发布于Facebook以及MySpace一类的社交网站。——译者注
㊁ 全球著名的互动娱乐软件公司，总部位于美国加利福尼亚州红木城，主要从事各种电子游戏的开发、出版以及销售业务。——译者注
㊂ 美国最大的实体书店（在全美拥有将近800家门店），也是全球第二大网上书店。——译者注
㊃ 摩托罗拉生产的第一款手机，也是世界上最早的手机。——译者注

市场占有率，这在现在看来也相当可观。

2002年，加拿大的运动研究公司（Research in Motion）发布了标志性的"黑莓手机"，将一部简单的手机转变为一种必不可少的商务工具。到了2007年，苹果推出的iPhone震惊了业界，其拥有强大的掌上电脑功能。40年间出现了4个领军者，这就是世界竞争的现实：变革是根本性的，而不是局部的。

在基于网络的商业市场中，冲击更是突如其来。想一想社交网络，在不到10年的时间里，Friendster[一]、MySpace[二]和Facebook先后成了社交行业的领军者。变革如同一匹桀骜不驯的野马，常常会让骑手摔得四脚朝天。

有鉴于此，我们唯一能预测的是，在未来某一天，你的组织将被迫以史无前例的方式进行变革。你的公司要么适应，要么衰败；要么重塑公司的核心假设，要么只能摸索着前进。坦率地说，摸索着前进是最可能的结果。

当然，变革可能会带来希望，也可能会引发灾难。但是，对于一个特定的组织而言，这两者哪个的可能性更大，取决于它的适应能力。问题在于，我们的组织在成立之初就不具备适应能力。100年前，那些早期的管理开创者所创办的公司严格有序，不具备适应能力。他们明白，效率源于对非日常事务的规范。此外，适应能力需要偶尔放弃日常事务，但在大多数组织中，很少有让我们放弃的动力。因此，变革似乎可以分为两种类型，微小的变化和重大的变革。回顾一下一般公司的历史，我们就会发现，长期的逐步调整，其间会偶尔出现由危机驱动的疯狂变革。

全球排名1000强的公司，与管理不善的独裁型政府一样，其变革总是

[一] 美国第一个大型社交网站，曾经是美国最热门的社交网站之一。创建于2002年，总部设在美国加利福尼亚州旧金山市。——译者注

[二] 目前全球第二大社交网站，为全球用户提供了一个集交友、个人信息分享、即时通信等多种功能于一体的互动平台，成立于2003年9月。——译者注

以很突然的方式姗姗来迟。你会觉得奇怪吗？为什么要通过"改朝换代"的方式来改变战略？为什么一个组织要在迷失方向，白白损失价值数亿美元的市场之后，才能正确地认识变革？——非要彻底转变，而不是适时地变革。正因为如此，我们需要改变变革的方式。

人体的自动系统给了我们有价值的启示：如果踏上跑步机或者进行负重训练，你就会心跳加速，自动输出更多血液；当站在大批观众面前讲话时，你的身体会自然释放出更多的肾上腺素；当瞥见相貌姣好的人时，你的瞳孔会条件反射自然放大。（真的，绝对是不由自主的！）自动、自然、条件反射——我们描述组织变革时一般不用这些词语，但是应该使用。这就是圣杯[一]，没有疼痛的变革。

在令人眼花缭乱的变革时代，重要的不仅仅是在某个特定的市场具有核心优势，还有随着时间的推移呈现出来的发展优势。几年前，一个充满活力、年轻的公司首席执行官自豪地对我说，该公司的业务"像起飞的火箭一样"迅猛发展。我问他："你有没有注意到，火箭是以抛物线的轨迹飞行的，被火箭送往太空的卫星最终是以碎片的形式回到地球的？"

所以，我们应当怎样让一家公司保持在运行轨道上？在接下来的章节中，我们会继续探讨这个问题。我们将看到，打造一家真正具有适应能力的公司，需要做许多工作——需要我们在愿景、行为和管理体系上做出改变。但是毫无疑问，明天那些能够应对高变革/低痛苦这种挑战的组织，将是最成功的。

在适应能力上的投资会得到许多回报。首先，一家有韧性的公司应该

[一] 圣杯的传说来自基督教，传说它是耶稣基督在最后的晚餐中使用的由绿柱玉琢制而成的酒杯。在罗马帝国灭亡后欧洲黑暗时代的亚瑟王传说中，寻找圣杯成了骑士们的最高目标。后来，人们常用"圣杯"代表众人追求的最高目标，但它的另一层含义是一种对渺茫希望的暗示。——译者注

有能力避免出现市值缩水一半这样的大冲击情形。高管们常常抱怨，投资人对于收入上的小问题反应过度，但是我不这样认为。近年来，投资人目睹了许多公司错失了范式转移⊖（paradigm shift）、低估了新的竞争对手或者停止创新，从而走上了自我毁灭的道路。如果公司的收益令人失望，投资人不免会问："这是由容易纠正的失误引起的突变，还是在公司长期盈利的商业模式下，一次结构性下滑的早期预警？"高管总会回答说是突变，但是投资人对高管信誓旦旦地保证表示怀疑。对其而言，最保险的事就是抛售股票，在问题解决后再进行回购。

投资人喜欢预测，愿意为稳定的收益买单。尽管会计可以在短期收益上做手脚，但是只有良好的适应能力，才能够保证公司收益呈现长期平滑的上升曲线。一家适应能力强的公司无须经历死亡之谷的阴影，也会去重新思考他们的战略。他们会不断创新，避免公司在未来陷入困境。其结果便是，该公司会经历更少的财务困难，股票会实现溢价。这就足以让我们对适应能力予以重视。但是，这还不够。

一家适应能力强的公司，不仅能够伺机抓住新机会，而且总是能够重新界定其核心业务，能够开启成长的新路。如果百思买（Best Buy）的适应能力再强一点，就能够看到在线电影业务的新机会，就能够比奈飞公司抢先一步。如果可口可乐公司能够先发制人，就会在运动饮料行业打败佳得乐⊜（Gatorade）。如果通用汽车公司抢占先机，全球最畅销的混合动力汽车也不会出自丰田。适应能力强的公司总是在不断创新，不断开拓新的市场。

如果一家公司持续不断地开拓新领域，那么它在吸引和保留人才方面

⊖ 又称典范转移，最早出现于美国科学史及科学哲学家托马斯·塞缪尔·库恩（Thomas Samuel Kuhn）的代表作《科学革命的结构》（*The Structure of Scientific Revolutions*，1962）中。——译者注

⊜ 一种全球领先的运动型饮料。——译者注

会具有竞争优势。如果一家昔日成功的公司遭遇困境，要梳理裁员名单，最有能力的人不会留下来，而会选择跳槽。在一家活力十足的公司，员工往往会更加敬业，更愿意积极开展每天的工作，也会因此具有较高的生产力。

最后要说的是，一家适应能力强的公司会对客户的新需求做出积极的响应。它会率先以积极的方式重新界定客户的期望。结果是，它会收获更高的客户忠诚度和更高的利润。

打造适应能力强、有效率的公司，可能是我们这个时代所面临的最根本的业务挑战。如今，适应能力至关重要。

视熵为仇敌

在凯撒大帝（Julius Caesar）时代，尚无太多机构存在，而基督教会便是其中之一。虽然基督教历史悠久，但是近年来处于"防御状态"，尤其是在欧洲和北美洲。

主流教派损失了地球上最富有、受过最好教育的信徒。与公司的首席执行官一样，教会领袖被迫面对一个既简单又深刻的现实：在加速变革的世界中，他们不能理所当然地认为自己重要。

伊利诺伊州巴林顿柳溪社区教会（Willow Creek Community Church）组织了一次会议。会上，当站在 7000 位牧师面前演讲时，我想表达的正是这个意思。柳溪社区教会是美国大型教会的先锋之一，自 1999 年起每年举办一次"领导力峰会"，将全球基督教福音派教会领袖汇集在一起。这些演讲者中的大多数人并非牧师，而是像惠普公司首席执行官卡莉·菲奥莉娜

（Carly Fiorina）、爱尔兰U2乐队主唱博诺（Bono）和英国前首相托尼·布莱尔（Tony Blair）这样的公众人物。

这次的经历让我有些紧张。过去我都是在那些比我更加富有、更有权力的人面前做演讲，这是我第一次面对好几千位比我更高尚的人做演讲。

我答应演讲是因为，从专业上讲，我个人对组织变革所面临的挑战很感兴趣。我很想了解对于存在了数百年的教会这类特殊机构，这样的挑战意味着什么。

很显然，要具有高尚的道德，不一定非得信教。凶残的人有时候也很虔诚。尽管诸如理查德·道金斯⊖（Richard Dawkins）、克里斯托弗·希钦斯（Christopher Hitchens）和山姆·哈里斯（Sam Harris）等新无神论者声称，宗教从总体上说，抑制了而不是激发了人类邪恶的可能性。[1] 是的，人类假借上帝之名做了许多糟糕的事情，但是，对于每个做出神圣保证的暴君和恐怖分子而言，成千上万虔诚的灵魂无私地奉献着，会让这个世界变得更加公正和安宁。

每种信仰体系的核心都是一种协议：一方面，人们认为人类生命在宇宙中具有重要的意义，这让人感到欣慰；另一方面，人们要承诺遵守一定的道德标准，这种标准有时会给人带来不便。我认为，如果一个人即使受到欺骗也同意遵守这个协议，我们应当心怀感激。因为尽管有人的想法和两岁的孩子一样幼稚，认为社会中的每个人都不应当受到道德的约束，但是我们大多数人会认为，如果我们的邻居、老板和银行家像没有素质的无赖一样，我们是难以接受的。

⊖ 英国著名演化生物学家、动物行为学家和科普作家，英国皇家科学院院士，牛津大学教授，是当今仍在世的最著名、最直言不讳的无神论者和演化论拥护者之一。他同美国哲学家丹尼尔·丹尼特、神经科学家山姆·哈里斯和已故的英裔美国作家克里斯托弗·希钦斯常常一起被称为"新无神论的四骑士"。——译者注

当然，在理想的世界里，即使我们对他人不够友善，他们依然会宽厚待人。我们会利用他人的善意，但是并不需要以善待回报他们。但是这样是不对等的，一旦成为常态，每个人的生活就变得野蛮了，这也将会演变成为全社会的悲剧。

事实上，如果每个人都遵守"你愿意人怎样待你，你也要怎样待人"的准则，那么整个社会将会变得更加友善。有证据表明，"信教人士"实际上更友善，更愿意救助缺衣少食的人。道金斯对此并不认同。[2]（如果你是这样虔诚的信徒，对于只有少数人关爱他人、更多人指责他人的现实，一定会感到尴尬。）

人类的道德需要一代人的培养。所以，如果想让我们的下一代能够多些善意、少些敌视，我们就必须对从父辈身上继承的精神资本进行补充。至少，从理论上讲，教会应当在这方面联合起来行动。

正因为如此，我才去了柳溪社区教会，那种体验好像是经历了一整天的集体拥抱。我的天哪，他们是多么好的一群人啊！要在他们面前表达我批判性的观点该有多难啊！

实际上，教会存在着问题，尤其是在关乎年轻人的方面。我在英国生活过10年，非常清楚宗教在欧洲边缘化的处境，但是对美国教会的现状我思考不多。以下是我在准备柳溪社区教会演讲过程中了解到的情况。

- 2008年《美国宗教身份调查》（*American Religious Identification Survey*）的数据显示，从1990年起，没有宗教信仰的美国人口多了一倍，自称为无神论者或者不可知论者的人数增加了三倍。[3]

- 上述调查的结果还显示，高达67%的美国人认为，宗教在社会上的影响力在不断减弱，仅有19%的人认为其影响力在上升。相信宗教

"能够解答当今的大多数问题"的美国人只有48%，这是有史以来的最低水平。[4]

- 在一个普通的周末，17.5%的美国人会去参加基督教会的礼拜仪式，这比1990年降低了2.9%，且下降趋势仍在加剧。如果继续这样下去，到2020年，参加教会礼拜的人数将会降至总人口的1/7。[5]

- 2006年美国的总人口较1990年增加了9100万，其中7000万为17岁以下的人。但是在这段时间内，参加教会活动的人数却维持在了同一水平上。[6]

- 基督教的"品牌"也遭受了同样的打击，尤其是在年轻人当中。在调查过程中，近一半的人表示对基督教持中立态度；在那些对基督教反应强烈的人中，对"基督教"与"重生"持积极和消极态度的人数比为2∶1；当被问及对"福音派教会"的看法时，这一比例则跃升到了16∶1。[7]

- 从1990年到2008年，美国支持大型传统教会（天主教、浸礼会、卫理公会等）的人的占比从64.2%降低到了53.8%。[8]

- 上述事实说明，教会需要尽力增加新会员。基督教顾问汤姆和山姆·雷纳（Sam Rainer）认为，"健康教会"的"转化率"应达到20∶1及以上，也就是说在一年的时间里，教会可以从20位慕道者中转化一位新成员。按照最保守的标准估计，美国40万个教会中仅有3.5%达到了传道的标准。[9]

难怪牧师常常将这些趋势的出现归咎于世俗的力量。问题不在于"教会"，而在于"世人"，或者具体说在于以下方面。

- 在客户导向的社会中，你的工资比品格更重要。
- 媒体渗透的文化提供了无限多的消遣方式，老百姓没有时间去做精神上的反思。
- 年轻人对大型机构充满了怀疑——包括大型宗教、大型企业和大型的政府机构。
- 任何声称掌握"真理"的人都越来越受到他人本能的怀疑。

毫无疑问，近年来这些现实情况在美国的"去教会化"（以及欧洲高度的世俗化）过程中起到了一定的作用。我认为从长远来看，事实并非完全如此，因此在领导力峰会的演讲中，我努力进行了解释。

没错，去教会做礼拜的人数减少了，但是 70% 的美国人依然确信存在"某种人格化的上帝"。[10] 尽管越来越不关注宗教，但是美国人依然选择相信上帝。我向现场的听众问道："那么，是福音还是教会变得越来越不重要了？"对牧师而言，这是在反问他们。福音是永恒的。换言之，我认为教会面临的问题不是精神信仰的衰落，而是精神有效性的衰落。

当内部变革的速度滞后于外部变化的速度时，组织就丧失了其重要性。这是当下许多教会面临的问题，更有许多非教会组织，包括你的公司等，很可能也与之同病相怜。

想一想，通用汽车、索尼、摩托罗拉、微软、美国在线（AOL）、雅虎、西尔斯百货、星巴克等公司，它们近年来的表现如何？都不尽如人意。当然，抱怨经济萧条也无济于事，问题出在别的地方。这些公司被历史传统所绑架，为先例的牢笼所困。

"所以，"我继续说道，"作为教会领袖，你们不能自怨自艾。你们的问题不是物质主义、无神论、怀疑论或者相对论，而是制度的惰性。如果说这并不全是你们的错，你们也许会感觉好一些。与其他领域的领袖一样，你们已经身处变革的汹涌大潮之中。"

在这个混乱不堪的世界中，你要么前进要么倒退，不可能保持原地不动。而此时此刻，包括教会在内的许多组织正在向后倒退。

纵观历史，商业领袖和教会领袖无须担心根本性的范式转移。我们可以"安全"地假定他们根本的商业模式会持续到永远。对教会而言，这意味着虔诚的信徒每周都会坐在长椅上，乖乖地参与整个礼拜的过程，在捐款时放下五美元，礼节性地和牧师握手，然后去吃午餐。

然而，商业模式并不是永恒的。近几年，企业的寿命正在延长。我们见证了一个又一个行业的范式转移，最引人注目的包括以下几项。

- 在民航行业，我们看到，一些主要的航空公司在更加专注的竞争对手面前丧失了明显的优势，这些对手包括捷蓝航空公司（JetBlue）和维珍航空公司。

- 在医药行业，我们看到，整个行业从漫无目的地去发明新药转变为聚焦于疾病和基于基因的药物研发。

- 在汽车行业，我们看到，插电式混合动力汽车和纯电动汽车正在向长期占统治地位的燃油发动机汽车发起挑战。

- 在软件行业，我们看到，"软件作为产品"正在向"软件作为服务"转变。

- 在出版行业，我们看到，电子书在爆发式增长，传统书店在逐步减少。

- 在医疗健康领域，我们看到，"服务收费"的商业模式在向"整合保健"的模式转变。

大多数企业，以及教会，最终都会归为一种商业模式，这一模式一旦衰败，企业也就会衰败。

换句话说，热力学第二定律（second law of thermodynamics）不仅适用于物理系统，也适用于组织——随着时间的推移，熵值会增加。有远见的创始人将接力棒传给忠实的管理者，他们会维持业务的发展，但是无法实现创新。官僚人士可以根据已知的事情去推断，但是他们无法使组织充满活力。随着时间的推移，远见和激情的主要动力慢慢减退。组织会发展得越来越好，但是若它们没有发生变化，就会逐渐就失去意义。

在过去数百年中，基督教完成了制度化，内部等级分明，官僚体制头重脚轻，职责分工清晰明确，日常工作全靠本能式反应。（有些像你的公司，有过之而无不及。）只有教会领袖削掉这些钙化的层级，重新找到使命感，宗教方可重新体现其重要性。

是什么内在力量阻止了教会实现创新，阻碍了其在后现代社会里体现更重要的意义？以下是其中的部分原因。

- 长期从事教会活动的领导人对非传统性的礼拜和宗教活动了解不多。
- 自上而下的体制限制了地方性试验的范围。
- 神学院对宗教仪式和牧师的作用持有传统的看法。
- 晋升标准只考虑对传统教会做法的尊崇。
- 一系列传统的信念指导着人们如何"管理教会"。

从最后一点上看，我们需要注意，大多数教会在"宗教服务"上遵守同样的"服务模式",这种标准的模式并非圣经的指令,而是源于习惯罢了。以下是一些"不可置疑"的假设。

- 宗教活动在教堂进行。

- 布道是传授宗教智慧最为有效的方式。

- 牧师引导,他人跟从。

- 活动越多,影响越大。

- 教会活动必须遵循以下顺序:问候、唱诗、读经、祷告、布道、奉献、解散(每周重复)。

- 信徒是教会最主要的成员,而不是那些将信将疑的人。

- 去教堂做礼拜是宗教生活最主要的表现形式。

- 教会是讲道的地方,而不是辩论的场所。

- 教会的首要使命是服务会员,而不是外部寻求宗教寄托的人。

- 促进基督教社区成长的最佳方法是复制大教会的做法。

- 要让他人信教,经常去教会的人士需要以更专业的方式宣传他们的信仰,而不是以更坚定的方式去践行。

(也许到这儿你想休息一会儿,对你所在的组织过去无心形成但是深植其中的事物列个清单。)

如果有组织的宗教变得不那么重要,并非因为教会坚守其教义,而是因为固守传统仪式、角色和惯例。换句话说,宗教组织的问题不在于"宗教",而在于"组织"。

在 1 世纪和 2 世纪，基督教会是公共的、自然的、非机构化的，很像如今的网络。当时，教会在政治上没有什么权力（无法召集军队或者废除君主），但是其影响力巨大。在罗马帝国，基督教会从公元 40 年只有很少的信徒，发展到公元 350 年有信徒 3100 万人，成为全球第一大快速扩张的组织。相比之下，如今的主流教会虽然机构庞大，但是宗教权力较弱，至少在发达国家是这样的。

教会是这样，其他机构也是如此：机构越是有"组织"，越是"管理"严格，其适应能力就越差。不足为奇的是，地球上最具韧性的事物——网络，在组织上是松散的，在管理上是缺失的，1 世纪的基督教会也是如此。据此，我们能得出什么结论？要在动荡的年代里蓬勃发展，组织在机构和管理上就不要那么严格——降低结构化水平、精简层级、减少惯例。

在下一节中，我会深入挖掘组织熵的成因，但是在此，我们探讨一下要与熵对抗需要做些什么。

最重要的是，你要保护自己免遭他人否定。被否定的时间越长，工作上的创新就会越被耽误。好在否定也遵循同样的模式，一旦你发现了，就能够有所防范。为了说明否定的循环，我们举例来看。比如，如果一个人发现他与妻子的关系越来越糟，他会怎么办。

在这种情况下，男人的第一反应就是回避问题。他会想，"两口子过日子，哪有汤勺不碰锅沿儿的"或者"没有不吵架的夫妻"。换句话说，"如果我宽宏大量，问题自然会解决"。那么，控制局面的关键是什么？遗憾的是，他们的关系还在持续恶化——怒火仍在不断涌动，冷战过程中还时不时出现情绪的爆发。

此时，我们的男主角从坐视不管变成了理性思考。很显然，妻子难以抑制的怒火不过是发发小孩脾气。所以，他开始思考她发火的原因，也许是对工作不满，也许只是对儿时不满的宣泄，或者是由于父亲缺乏责任感而迁怒于丈夫。注意一下，所有这些解释都能说得通。无论是什么原因，问题出在妻子身上，而不是他。事态在恶化，吵架吓得孩子们躲了起来，丈夫晚上只能睡沙发——理性思考是不够的，他应该采取行动了。不知所措的丈夫找了个安静的时间，小心翼翼地走到妻子面前问道："你要不要吃点百忧解⊖（Prozac）？"她的反应吓了他一大跳："笨蛋，我才没得抑郁症呢！我只是生气！"幸运的是，事情终于过去了，小两口重归于好。然而，丈夫需要面对的问题不是妻子，而是他的缺点——缺乏耐心、吹毛求疵和不懂感恩，正是这些缺点让妻子无法忍受。

"坐视不管 - 理性思考 - 缓和局面 - 面对现实"，这种模式既适用于处理公司问题，也适用于解决家庭矛盾。例如，音乐行业对文件共享反应迟钝。行业专家对此的第一反应是嘲笑。谁会在电脑上听音乐？上网搜索、下载 MP3 文件、刻录 CD 光盘——一般的音乐爱好者才不会选择这么复杂的操作。但是很快，Napster 之类的网站飞速发展。音乐行业的高管们认为，是有许多人下载音乐，不过只是下载免费音乐——要不是免费的，音乐爱好者还会纷纷购买 CD 光盘。当在线音乐下载量持续飙升后，"理性思考"变成了"缓和局面"：我们得起诉那些十几岁的"小强盗"！一旦把他们送入大牢，和一千零一夜里的故事一样，"妖怪"就会被再次装进瓶子里！结果，未来恰恰不遂他们的愿。此时，音乐行业的首席执行官们才彻底醒悟，他们长达百年的商业模式不得不宣告破灭，CD 光盘的销售量一落千丈，苹果公司垄断了在线音乐的定价。

要免遭否定，你需要做三件事。第一，保持谦卑。将你对行业的信念仅仅当作假设，始终保持开放的心态，随时准备被他人否定。有些高管常

⊖ 一种治疗抑郁症、强迫症的药。——译者注

常对我说:"加里,我们这行就是这样运作的。"我心里想:"是啊,不过总有一天会不这样的。"如果你要信奉上帝,就去信吧!但是,不要将老传统或者你自己长期以来的假设当作神明来信奉。在一个持续变革的世界中,傲慢是一种道德犯罪。

第二,要诚实。找出让你感觉最不舒服的事情,分享给你所在组织中的每个人。领导者就要直面未来,休要怀疑。找出组织中不同的声音,给他们提供表达的平台。寻找不同寻常的商业模式(如果你是教会领袖,可以在 www.xxxchurch.com 这个网站上寻找),问问自己,这些新模式会颠覆哪些行业传统规范?它们就是煤矿中的金丝雀①,你必须找到它们。

要想阻止熵,就要将使命放在首位。随着时间的流逝,我们很容易将形式凌驾于职能之上,很容易将手段和目标混为一谈。比如,报纸的价值在于让人们了解周围的世界发生了什么事情,而不是卖纸张,但许多报社都没有明白这一点,拱手将机会让给了谷歌新闻(Google News)、赫芬顿邮报②(Huffington Post)、德拉吉报道③(Drudge Report)等新的竞争对手。

一些全球顶级的大学同样面临着手段和目标的困惑。尽管有推动人类知识发展的高尚追求,但大多数院长和校长都认为,精英大学的目的在于为少数精挑细选的、拥有特权的学生提供一流的环境,让他们获得所需的文凭,以便他们能够进入同样一流的机构。这种狭隘、传统的观点为教育市场提供了新的切入机会——其中包括菲尼克斯大学④(University

---

① 7世纪,英国矿井工人发现,金丝雀对瓦斯这种气体十分敏感。空气中哪怕有极其微量的瓦斯,金丝雀也会停止歌唱;而当瓦斯含量超过一定限度时,虽然人类毫无察觉,金丝雀却会"毒发身亡"。当时,在采矿设备相对简陋的条件下,工人们每次下井都会带上一只金丝雀作为"瓦斯检测的指标",以便在危险状况下紧急撤离。——译者注

② 一个新闻博客网站,兼具博客自主性与媒体公共性,通过"分布式"的新闻发掘方式和以 WEB2.0 为基础的社会化新闻交流模式而独树一帜。——译者注

③ 一家新闻网站,由麦特·德拉吉创建于1995年。与主流媒体不同,德拉吉报道挖掘了很多内幕消息,如率先报道了克林顿与莱温斯基的性丑闻等。——译者注

④ 美国在校生规模最大的私立大学,主要从事成人教育。——译者注

of Phoenix）等机构，以及更加激进的"点对点大学"⊖（Peer-to-Peer University）。

再回到教会。牧师不会告诉你，他们的教会要为会员创造一个每周聚会的场所，提供专门的招待服务，同时还能受人恭维，被赞美其道德水准高于他人。但是，事实往往就是如此。在柳溪社区教会的演讲过程中，我还向听众问了个问题："'到教会做礼拜'和'向耶稣祷告'不一样吗？"他们回答："当然不一样！"我继续问道："那么，从哪里能看到你的虔诚之心？你们是更忠于救赎与和谐，还是所在教会的那些传统活动和政策？如果是前者，人们何以知道？有什么证据？难道你们不愿意'牺牲'一些熟悉的做法，将时间投入神坛上更有意义的事情？"

我从未见过任何领导发誓要维持现状，但有能力积极做出改变的组织凤毛麟角。这怎么解释？我认为部分原因在于我们难以找出根深蒂固的习惯。从概念上看，人们也许能够理解行业"传统规范"一词的含义，但是又该如何区分"限制创新"与"久经时间考验的政策"之间的差异呢？

我想，有两件事能够将我们的习惯变为坚定的信念：经历一个暴露我们集体短视行为的危机事件，或者拥有一个引人入胜又违反常规的使命，促使我们重新去思考长期以来的惯用做法。几年前，在一个工商管理硕士项目主任和商学院院长会议上，我也表达了这个观点。

250美元！我在屏幕上打出了这个数字。然后，我问道："我们为何不能收取250美元就给学生颁发工商管理硕士学位？今天，顶级高校的工商管理硕士学位的费用合计已经达到10万美元以上。作为工商管理专业的教育者，我们由衷地希望提升全球管理的质量，我们必须找到一种方法，大

⊖ 一家开放型学习网站。——译者注

幅降低管理学学位的费用！"

为了鼓励他们思考，我分享了一个案例。1976年，葛文达帕·文卡塔斯瓦米医生（Govindappa Venkataswamy）在印度的马杜赖⊖（Madurai）创办了阿拉文眼科医院（Aravind Eye Care System）。该医院的愿景是，重新思考眼科治疗，以消除不必要的失明。效仿麦当劳低成本的快餐模式，其连锁的眼科医院发展得很快，白内障的手术方案效率很高。有钱支付手术费用的患者按照流程来治疗，但是阿拉文为大约70%的患者免费提供医疗服务。其外科医生的薪酬很有竞争力，他们在当班的12个小时里，要做100台手术。阿拉文的五家医院每年要完成超过30万台手术，手术室每天24小时都被占用。每台手术的费用约为18美元，是美国同类手术费用的1%。[11]即使如此，阿拉文手术并发症的比例与西方国家医院的不相上下，甚至更低。阿拉文的财务体系也能够自负盈亏，主要仰仗其一流的设备和运营效率。

所以，我问商学院的朋友，如果眼科手术的费用能低于20美元，我们的工商管理硕士学位为何不能只收250美元呢？没错，教学要比外科手术更为复杂，但还是……和医疗健康行业一样，现行高等教育的效率极为低下。想一想，一位教授给80个孩子讲课；花在固定资产上的资金以千万美元计算；巨额的研究预算投给了晦涩的期刊，只为发表让人无法看懂的学术文章。这种商学院典型的"想当然的特点"容易理解，但是除非你对成功重新定义，否则这么做也是不可或缺的。商学院的目标如果不是每年仅仅培养数百位年轻的管理者，而是培养几万人，又会怎样呢？

基督教会的形式多种多样，由其发展而成的伟大高校被认为是人类社会最持久的机构。成立之初，大学就以使命为核心。但是，随着变革的加剧，

⊖ 印度泰米尔纳德邦第二大城市，印度教七大圣城之一。——译者注

它们不得不更加注重使命。那么，你的组织也要这样，但这就绝非易事了。

随着机构的不断成熟，使命的推动力会慢慢消失，习惯的拉力则不断加大。终有一天，组织无法摆脱惯性的推动。我们将在下一节剖析这些动力。但是，现在我们必须提醒自己，如果没有适应能力强的人——那些谦卑、诚实、有抱负的人，就不存在适应力强的组织，他们是创新的根源。要打造变化创新的优势，我们要做的不止上述这些，但是它们无疑是最重要的。

诊断衰败的原因

我从小在密歇根州长大，所以对于通用汽车 2009 年破产一事的巨大影响我有亲身感受。曾经，通用生产的汽车数量达到了整个美国的一半以上，后来它被迫接受州政府的庇护。通用汽车的衰败并非源于重大的决策失误，公司没有出现断崖式问题。相反，该公司的发展不温不火，但经常迈出小小的、短视的一步。多亏美国的纳税人，该公司才被拯救，但是没有人能保证它可以重获昔日的辉煌。

在全球大经济背景下，一家公司如果能够在最初就占据绝对高的份额，并且他人难以渗透该领域，那其就会实现长期平稳的发展。但是假以时日，目光短浅的问题就会出现，它最终会失去发展的动力。

当前，并非只有通用汽车一家公司发展缓慢。这样的公司还有很多，它们近年来都很不走运，例如百代唱片（EMI）、《纽约时报》(The New York Times)、强生（Johnson and Johnson）、诺基亚、柯达等，这还只是其中的一部分。实际上，它们当年个个都很成功，只是今日风光不再。

这到底是怎么回事？为什么这些当年的偶像都惨遭失败？是卓越到期了吗？通常来看，这是因为有三种力量产生了作用。

第一，万有引力

有三条自然法则会让成功的弧线随着时间的流逝变得平缓。第一条法则是"大数定律"（law of large numbers）。众所周知，大公司比小公司难发展。要让一家价值 400 亿美元的公司再增长 25%，需要新增 10 亿美元的收入，而要让一家价值 4000 万美元的公司同样增长 25%，只需要增加 1000 万美元的收入即可。企业的成长与生物的生长一样，体量越大，速度越慢。

第二条法则为平均法则（law of averages）。没有哪家公司能够永远超越平均数。在杰克·韦尔奇（Jack Welch）担任通用电气首席执行官的最后 5 年中，该公司的市场价值从不足 900 亿美元增长到 5000 多亿美元。2000 年，杰夫·伊梅尔特（Jeff Immelt）从韦尔奇手上接过了接力棒。该公司如果要保持之前那样惊人的增速，伊梅尔特在任职的第一个 5 年内，必须使公司市值增长到约 3 万亿美元。这是无论如何也做不到的。就算你将 1 年延长到 5 年，再延长至 10 年，超越平均增速几乎是不可能的。长期来看，没有公司能够实现持续增长。

最后一条法则是收益递减（law of diminishing returns）。随着时间的推移，收入和边际递增效应会降低。随着市场不断成熟，增速会减缓；随着"剔肉刀"越来越接近"骨头"，较高的生产效率难以为继。无论绩效计划如何，投入产出比都会随着时间的推进不断缩小。

尽管这些法则不像地球引力那么无法对抗，但是要克服也相当难，能够做到的公司寥寥无几。最好的办法就是，将体量庞大的公司拆分成小公司，然后给它们制定富有挑战性的增长目标，将资源果断地重新分配到快速增长的领域中，撤销增长缓慢的业务，多方寻求资源以期实现差异化。

管理者常常将自己视为农夫：他们得到了一片耕地（一个企业或者一个细分市场），他们的目标是实现增长、获取利润。但是，时间久了，土壤就会出现盐碱化现象（市场饱和），或者关键的养分消耗殆尽了（差异化消失）。可是至此，副总裁爱上了他的 40 英亩㊀地，所以他能做的就是不断施肥（市场营销），更加注重精耕细作，使用更昂贵的水井（即使在投资回报率下滑的情况下，依然增加资本投入）。管理者最好将自己视为牧场主——以草为生的牲畜总是在不停地迁徙。牧场主的忠诚既不体现在某块草地上，也不体现在某种牲畜上：当一块草地被吃光后，他们会赶着牲畜继续迁徙；如果某种牲畜掉队了，就会被宰杀。随着时间的推移，整个牲畜群实现了新陈代谢：衰老的动物被送往屠宰场的同时，有新的幼崽出生。

这让我想起了英国的产业集团——维珍航空，其创始人是理查德·布兰森爵士（Sir Richard Branson）。他是全世界老板中创办企业最多的，但是这些企业几乎都关掉了。虽然他对每个新公司都充满激情，例如维珍银河公司（Virgin Galactic），但他不允许维珍的品牌局限于某个特定的业务领域。这是一个简单但是经常被忽视的经验：为了持续实现成功，你要能够放弃不再成功的业务。

第二，战略会消亡

没有什么战略会永远成功。近年来，战略的生命周期在不断缩短。对人类而言，死亡的主要原因有心脏病、癌症和卒中。相应地，战略会在以下情况下消亡。

复制。随着时间的推移，创新性的战略也会失去新意：捷蓝航空借鉴

㊀ 1 英亩≈4046.856 平方米。

了西南航空的做法；希爱力①（Cialis）和艾力达②（Levitra）模仿了万艾可③（Viagra）；谷歌的安卓系统在许多方面模仿了苹果的操作系统。当然，有些战略是很难模仿的（尤其是那些利用网络效应的战略），如果潜心研究，大部分战略是可以被解码的。

取代。当有人发明了能够更加有效地满足客户需求的方法时，好的战略就会被更好的战略所取代：数码相机淘汰了胶卷；Skype 网络电话让用户不用再担心国际长途电话费；维基百科为用户提供了一个传统百科全书以外的选择。一个宏伟的战略有时会被模仿，但有时也会惨遭淘汰。

打击。强势的客户或者新的竞争对手，能够通过砍掉一度有高利润的业务，来扼杀战略。特别要提及的是，互联网导致了一个巨大的变化：议价权从生产者转向了消费者。因为能够获得近乎完美的信息，消费者可以压低任何商品的价格——汽车、保险、酒店、豪华手表等。现在对许多公司而言，客户掌握了充分的信息，这对盈利空间是一种威胁，比来自财务实力雄厚的竞争对手的威胁还要大。竞争加剧也会使公司损失利润。回顾历史，大多数行业都存在寡头垄断。监管障碍、专利墙、分销垄断和经济规模等因素都能使大公司将新入行者拒之门外。今天，这些障碍正在"坍塌"。去监管、技术商业化、全球网络化，以及充足的风险投资等都推倒了这些障碍，一大批新公司跨越了曾经坚不可摧的壁垒。以下是几家声名鹊起的新公司：华为公司进军网络设备、巴西航空（Embraer）开拓商用飞机、宏达电（HTC）进军手机以及瑞安航空公司（Ryanair）开拓航空业务等。

对人类而言，死亡有时候是很突然和意外的。战略的衰败则更像是患有癌症——一点点地累积，你处理得越晚，其致命性就越高。如果你关注

---

① 一种用于治疗男性勃起障碍的药物。——译者注
② 绰号"火焰"，是德国生产的新一代"伟哥"。——译者注
③ 俗称"伟哥"，治疗男性勃起功能障碍的药品。——译者注

正确的数据，战略的衰败是完全可以预测的。衰败的迹象包括：边际利润下降、增长放缓、资产效率降低、市场份额减少、客户投诉率增加、新产品营收比例降低、非传统的新商业模式扩散、定价曲线下行、市盈率降低，以及营销成本与收入之比上升等。如果高管对战略的失败感到意外，就是因为他们没有关注正确的数据。

第三，成功腐蚀组织

在一定程度上，地球引力和衰老是不可避免的。但是，这并非造成组织举步维艰的首要原因。企业要成功地实现自我纠偏，需要考虑人和组织的因素。最危险的因素有以下这些。

守江山的心理

一旦企业登上行业的巅峰，其员工自上而下都会出现守江山的心理。此时，组织的意识由创业转向了守业。曾经对现状发起挑战的高管，如今也开始故步自封。一旦他人提出大胆的想法，他们首先会问："这会对现有基础产生怎样的影响？"然后依次出现不敢承担风险、内部持不同意见者另谋高就等现象。更为糟糕的是，有些高管不愿意将成功与他人分享，还会利用其"政治权力"建立监管障碍，旨在阻止行业新人取得进步。

僵化的商业体系

随着企业的成长，其关注点从创新转向了提升，从开发转向了利用，纪律、聚焦和统一成为重点。多年以来，持续改善带来了高效和优质的商业体系。如此一来，资产、技能和流程都更加细分，变革变为渐进式的。这些对效率大有好处，但是对适应能力是致命的。用不了多久，商业体系的所有部分都紧密联结在一起了,即使是些微的改变都可能被视为毁灭性的。

陈腐的心智模式

为了加强几年前甚或几十年前制定的政策,企业成功将战略选择变成了教条的信念。时间久了,曾经的"最佳"方案,变成了"唯一"的选择。一旦有人成功,人们可能会将其视为天才。一位首席执行官在与环境的对抗过程中,若想出一个改变游戏规则的商业创意,就会被尊崇为一个无所不能的预言家。不幸的是,大多数企业家不会有第二次"显灵"的时候。然而,当有人对他们教条式的想法提出挑战时,他们常常会利用个人的职权和声望予以打压。如果战略是创始人和董事长制定的,要对这种过时的战略进行改进,是极其困难的。与成功的经验进行争辩是困难的,与成功的首席执行官争论更是难上加难。

充裕的资源

成功会带来很多成果——更多的员工、更多的资金、更多的市场支配权等。问题在于,各种充裕的资源使得高管懒于思考,他们开始相信成功是源于比竞争对手更多的投入,而不是更多的思考。充裕的资源还容易滋生懒惰。如果公司处于市场领导地位,高管会认为他们有的是时间,宁愿让新入行的公司去冒险,以后再赶超它们。这就是在赌!优质的资源能战胜优质的战略不是常有的事。最终,充裕的资源会扼杀创新的愿望。只有在渴望与资源之间存在差距时,才能产生突破性的创意。创意是积极探索的结果,而不是懒散的结果。一旦资源开始代替创意,投资者就应该减少投入了。

自满与授权

几十年稳定的成长让高管们认为,公司注定会持续地成功。没有创业经历、没有白手起家经验的高管们会将成功视为理所当然,视其为稀松平常的事情,而不是稀有而脆弱的。创办企业比经营企业需要更多的想象力和勇气,而变革则需要更多的想象力和勇气——这一点官僚人士基本不明白。富裕人家的孩子,有的很孝顺,有的有教养,高管们觉得自己就像这些孩子一样,天生就应当继承很多财产,但是其自身又缺乏动机和能力让这些财富实现增值。自满与授权是过往的成功无法规避的副产品,同时也是未来成功的天敌。

那么,我们如何对抗成功的破坏效应?对蛛丝马迹保持警惕,避免其转变为傲慢和自满。这就像在细胞癌变之前就必须密切关注,如果不杀死它们,总有一天会产生致命的危害。我们应具备皮肤病专家那种在初期就能发现肿瘤的眼力。有人认为成功会自然到来,对这种看似毫无恶意的言论,你必须练就一双"敏锐的耳朵",保持自己的判断。

表 3-1 是我听到的一些典型言论,如果你在组织中听到了,可以选择表中右侧的内容予以回应。

表 3-1

当高管这样说时	你可以这样回答
"无论付出多大努力,我们都搞不定!"	"无论做什么,我们都不能保证安全。"
"他们希望有我们这样的资源。"	"他们很庆幸,没有像我们这样的固定成本。"
"我们是这样在这一行赚钱的。"	"我们目前所知的就这些了。"
"我们是细分市场的领军人物。"	"与细分市场以前的领军企业相比,我们有哪些差异?"
"制定战略并不难,难的是执行。"	"制定战略看上去不难,原因是我们制定的战略没有差异化。"

（续）

当高管这样说时	你可以这样回答
"我们的投入达到了实力相当的竞争对手的两倍。"	"顾客是否认为我们的创新达到了竞争对手的两倍？"
"我们运行良好。"	"耶！我们增加了新的动力。插电式混合动力汽车怎么样？"
"这是我们的核心竞争力。"	"那我们的弱项在哪些方面？"
"这不属于我们的战略。"	"是因为这个想法很愚蠢，还是它对现状带来了威胁？"
"我们现在的规模最大。"	"泰坦尼克号当年也是最大的。"
"我们最有价值的资产是分销（或者研发、制造或品牌）。"	"那么，竞争对手会如何把这些变为我们的负债？"
"我们重点聚焦在……"	"聚焦了没错，但是我们忽略了什么？"
"我们不认为那是个威胁。"	"我保证他们不这样想。"
"我们就是这样创办公司的。"	"一点没错，但是让我们成长到现在的方式不一定能保证我们未来的发展。"

成功不一定导致停滞不前，但是如果你和组织中的其他人在每个转折点都有勇气向故步自封、教条主义、思想僵化和骄傲自满发起挑战，你的组织就会可持续地发展。尝试这样去做吧，今天的成功将为明天更加辉煌的成功奠定坚实的基础。

为失败的公司哀悼

本节我们将探讨如何设计一个真正有韧性的公司，如何培养公司的进化优势。但是，首先我们需要解决一个根本性的问题——也许你已经遇到了这个问题。在不断变化的经济环境中，要关注某个特定公司的生死，需要理由吗？或者换句话说，组织的寿命对股东、员工、客户或者社会整体而言，是否存在内在价值？如果你是风险投资家或者持有自由市场意识的人,你很可能回答"否",我明白。开放的经济有各种机制,使得公司难以持续"滥用"社会资源。激烈的竞争、企业管控的市场以及充满活力的创业等,都能够保护客户和股东免受无能管理的危害。如果这些保障措施不到位,公司无法适应变化的环境将会丢掉客户、优秀的员工,并最终失去独立性。这种情况就发生在太阳微系统公司(Sun Microsystems)身上,这家昔日辉煌的公司在 2009 年被甲骨文(Oracle)收购。一旦所有这些机制失效,公司一定会破产。那些多年"滞后"的资源,早晚会转至更有生产力的用途上。按照这种观点,时日不到,所有公司都不会消亡。但是在我看来,公司生死的问题更为复杂。

第一,许多重要的机构都不是公开交易的上市公司,例如美国国土安全部(U.S. Department of Homeland Security)、英国国家卫生局(Britain's National Health Service)、欧洲中央银行(the European Central Bank)、北大西洋公约组织(NATO)等。在很大程度上,这些组织既没有直接的竞争对手,也不会被人取代。公共部门的管理团队缺乏创造性,活力不足,但是保证社会不受它们伤害的机制很少。回忆一下,上一次你去机动车辆部(Department of Motor Vehicles)的经历。如果让你将这种体验与在亚马逊网上购买电子书或者在奈飞公司网站上下载电影比较一下,你会作何感受?如果没有挑刺的客户、恶意兼并或者破产,唯一能够让公共部门的官员们警觉的是上级领导的监管,而这些领导本人也有可能位子不保。这种"积极变革"的力度就像被九尾鞭⊖(cat-o'-nine-tails)抽打一样使人痛苦。

第二,那些管理落后、运用资源效率低下的机构,运转缓慢、可靠性差。如果首席执行官在业务火烧眉毛的时候依然欺上瞒下,或者不能大刀

⊖ 九尾鞭也称九尾猫,是一种多股的软鞭。英国皇家海军及英国陆军曾将其作为重体罚的刑具,英国和其他一些国家在执法体罚中也曾使用过它。其名称可能源于所导致的平行伤痕像猫爪导致的伤痕一样。——译者注

阔斧地采取行动，软弱的董事会对其表示有足够的耐心。例如，想一想杨致远（Jerry Yang）。雅虎公司未能在 Web 2.0 的商业模式基础上实现创新，杨致远本人还能保住他首席执行官的位子多久？他甚至信誓旦旦地说服董事会，两次拒绝了微软的收购意向——报价是雅虎当时市值的两倍以上。

如果一家公司的业务发展举步维艰，你可以翻阅一下其董事会的会议记录。你很快能够发现有许多怀旧、怕吃苦的高管，他们会想出很多办法延迟公司的最终决断。对于恶意收购，他们会设置障碍；为了掩饰缺乏竞争力的产品，他们会采取返现或者打折的方法；他们打着勇于变革的旗号，实则是为了节约开支；为了让停滞不前的业务能苟延残喘，他们变卖资产。简而言之，大型公司会慢慢死去，它们会经历长达几年的垂死挣扎，浪费大量的资源。

第三，公司还会在所难免地投入调整的成本。对于一个在死亡线上苦苦挣扎的公司而言，调配高度细分的专业技能和资产这一过程效率很低：帮助被解聘的员工找到新工作需要几个月甚至几年之久，即使找到了，薪酬待遇往往也不如原来的高；重新使用闲置的设施和封存的设备需要花费更长的时间。一位汽车厂的下岗工人不可能在硅谷找到工作，一个废弃的汽车厂也很难改造为豪华住宅。

除此之外，破产的公司还存在诸多负面的外部效应——其给社会带来的成本主要包括失业救济、税收减少，以及社会福利的损失等。为了深入了解这些损失，你可以去参观底特律周边废弃的工业园，那里一片破败、满目荒凉，成为美国汽车产业未能及时创新的反面教材。当一个"巨无霸"企业注定要消亡时，客户和竞争对手就成了赢家。此外，最终为破产公司埋单的是纳税人和普通公民。

第四，对于任何一国的经济而言，大型企业都具有重要的意义。与大公司相比，年轻的公司效率偏低，业务流程不够优化，但是创新能力高。此外，新公司有赖于大公司的资金、管理人才和市场渠道等。最典型的案例就是微软。微软早期的成功有赖于对IBM品牌和分销能力的利用。大公司和小公司存在明显的共生现象。有鉴于此，新成立的公司与大公司并不互相排斥。当大公司无法适应新情况的时候，小公司就成了它们的保险单，从而降低社会成本。这与一般意义上的保险相同，预防灾难总好过出险理赔。硅谷和其他创业热点地区确实为大家带来了好处，但是它们对于适应能力较低的公司而言，并不能完全解决问题。

那些能够坦然面对机构消亡的人常常将企业视为有机体。在自然界中，动物为了争取食物和配偶展开竞争，弱肉强食。如果狮子捕获了羚羊，很少有人会为一头羚羊丧命而难过（《探索发现》频道的儿童观众除外）。我认为将花旗银行、惠普或者索尼之类的大型企业视为有机体是不对的。这些组织的规模和业务范围，它们的成功或者失败产生的经济后果，会让个人企业相形见绌。因此，大型企业的失败不像死去一只北极熊或者非洲猎豹，更像是整个生态系统遭到破坏或者物种灭绝，对于这类事件大多数生物学家会表示心痛。

但是，生态学家在一件事上是对的：多样性能够产生韧性——各种冲突的观点哪个能获胜，不是由几位精明的裁判评选出来的，而是市场集体智慧的选择结果。硅谷对创意、人才、资本而言，是个结构松散的市场，每年都能产生成百上千的新公司。奇怪的是，许多组织理论学家似乎都认为，大公司紧密的社会网络不能玩数字游戏。也就是说，这些大公司不能在内部从事新规则的试验。鉴于这种偏见，他们认为经济上的韧性在很大程度上依赖于大量新公司之间的高度竞争。我认为这可能是对的，认识到创业对经济活力的重要作用，不用否认现存机构的试验性能够增加的价值。

再回到我们的问题：组织会"夭折"吗？与风险资本家一样，大多数经济学家的回答会是"不会"。组织在该消亡的时候自然会消亡，也就是说，当它们经常性地无法满足利益相关方的需求时，就会死掉。我重复这个残忍的观点，是想揭示一个微妙的信息：组织不会因为"自然原因"而消亡，它们可能死于"可预见到"的原因（参见第5章），但是"可预见"不等于"不可避免"。世上不存在200岁的人，但是年龄超过200岁的机构有很多。组织消亡通常是"自杀"、决策或不决策等原因所致，这些原因导致组织不能适应未来的发展。我们大多数人会认为，人自杀是不应该的（也许危在旦夕的病人除外）。那么，对于企业的"自杀"我们为何要如此冷漠？因此，我们不应当冷漠，因为企业"自杀"也会令人心碎，使未来黯淡。

时间能够创造复杂性，无论是几年、几十年还是几百年。大自然历经数百万年才演化出哺乳动物的眼睛，最终产生了人类的大脑。在寒武纪大爆发之前的几千年中，如果因气候突变等原因地球上的生命都灭绝了，就不可能有人类理性存在了。是否因为此类巨大的灾难"葬送"了一切，是一个很抽象的问题，但是，当我们重新审视组织发展的时候，这个观点非常具有现实意义。组织通过将简单的创意变成复杂的系统来实现发展和繁荣，例如，福特汽车为大众提供出行的便利，谷歌为客户提供互联网搜索的途径等。然而，将灵感转化为价值需要时间，整个过程需要反复试验、不断迭代，学习、选择并整理成册。如果哪位高管决策不成熟，干扰了流程，那么我们的社会将失去一个创意带来的好处，除非在那一段时间中，又出现了一个组织，其从"先烈"失败的废墟中重新捡起这个创意。

想象一下，谷歌的创始人拉里·佩奇㊀（Larry Page）和谢尔盖·布林㊁

㊀ 全名劳伦斯·爱德华·佩奇（Lawrence Edward Page），谷歌创始人之一，2011年4月4日正式出任谷歌CEO。——译者注

㊁ 全名谢尔盖·米哈伊洛维奇·布林（Sergey Mikhaylovich Brin），美国籍俄罗斯裔企业家，谷歌联合创始人之一。——译者注

（Sergey Brin）如果在最初面对网页链接运算法则时，未能设计出盈利的商业模式，早晚会有其他公司为用户设计出浏览网页的方法。但是与此同时，人类进步的道路就被封死了。一般来说，复杂的事物比简单的事物对人类更有意义，尽管产生复杂性需要时间。比如，苹果笔记本电脑比一个铝块更有价值。这便是第五个原因，如果企业不能适应的话，也不能掉以轻心。

对于曾经成功过的企业，一旦其消亡或者丧失能力，我们之所以要哀痛还有最后一个原因。暂时将来生的承诺放到一边，人类要想超越死亡，只有两条路：通过基因遗传和建立基业长青的组织。无数人为剑桥大学、微软、丰田、亚马逊等"巨轮"倾注了大量的心血和智慧，它们都可谓人类智慧的结晶。同样，前人对金字塔、埃尔金大理石雕⊖（Elgin Marbles）、索尔兹伯里大教堂⊖（Salisbury Cathedral）等所付出的一切，也值得我们去爱戴和尊重。就像世界各地的博物馆馆长一样，我们有责任去保护先辈留下来的遗产：支持那些举步维艰的公司，而不是将它们圈起来；帮助它们做出改变并且适应环境，成为基业长青的企业。

事实上，我们关心我们的组织，或者至少关心那些我们投入资金、技术和热情的组织。终身经济学家也许对企业经营漠不关心，但是如果他的母校遭受管理不善或者资金危机等威胁时，他一定会尽全力给予支持。如果我们都不关心他人的组织，或者至少关心他们组织的健康的话，我们就不能期待他人关心我们的组织。

现在，为了避免他人提出反对意见，我需要澄清一下：我的意思不是说政策制定者要让企业对高管的愚蠢做法视而不见。我不认为组织注定会消

⊖ 古希腊帕特农神庙的雕刻和建筑残件，有2500多年的历史，现存于大英博物馆，是大英博物馆最著名的馆藏品之一，有大英博物馆镇馆之宝之称。——译者注
⊖ 英国著名天主教堂，13世纪早期哥特式建筑。——译者注

亡（理论上讲，每个公司都不会消亡），反而觉得许多组织应该消亡，政策制定者就应当让它们自生自灭。（无论何种形式的）补贴都算是代价高昂的，有时甚至是别有用心的。补贴和援助会左右经济决策，会助长不良的管理行为、固化陈旧的产业结构，并遏制组织的成长。因此，我基本赞同自由市场的主张。此外，组织的失败代价高昂——丧失核心能力、效率低下的调整机制，以及相关的社会成本。（因此，我认为奥巴马政府拯救通用汽车的做法是正确的。）不过，作为纳税人、消费者、公民、投资人和员工，我个人想规避这些成本，而规避的唯一方法就是帮助任何类型和规模的组织提高其适应能力。

没错，虽然我认为组织长寿有价值，但是我也坚信每个组织都必须持续争取其存在的权利——无论是一所高中、美国军队还是通用汽车。长寿是对发展韧性的回报，而不是被保护的结果。但是现实问题是，短期来看，有些组织因为规模过大或者重要性过于突出而无法消亡，决策者不应当给任何组织提供保护，使其免受经济中优胜劣汰法则的影响。

为公司赢得未来

本节原本可以单独写成一本书，但是这不仅会让我因此多写一本书，而且也要让读者被迫读两本书。这对于读者和我来说都很麻烦，因此，我选择给大家提供一个简化版，但是这个简化版不会省去任何重要的内容。通常，一本简化版商业图书的篇幅就相当于《哈佛商业评论》（*Harvard Business Review*）的一篇文章外加一些案例。一般而言，《哈佛商业评论》的一篇文章也就如同三张幻灯片加上一些文字。所以，我将为大家节省时间，略去多余的描述。你们将看到一个压缩后的版本，供公司未来参考。

在前面的章节中，我已经解释了适应能力的重要性，列举了公司不能做出改变的原因。如果你们想打造一个尽可能做出改变的公司，现在我给你们总结一些需要遵循的"基本设计原则"，遵守这些原则绝非易事。我认为当下任何一家公司的适应能力都无法满足未来的要求，标杆企业难得一见。谷歌、亚马逊、苹果等公司在发展核心业务的同时，不断推出新的业务，也并未出现业绩下滑的情况——正如我在前面的章节中所表达的，这些公司相对年轻，与生俱来地具有革命精神，上天赐予了它们远见卓识的领导。

那么相比之下，你的公司可能经营了数十年，一直比较保守，高管都是西装革履的保守派，而不是身穿 T 恤的反叛者。最重要的是，公司的管理流程——制定目标的工具和体系（包括制定规划、调动资源、运营管理、绩效考核等），都是在多年以前确定的，当时的目标都是效率。这就是为什么我们有高度聚焦、严格讲究方法和规范的组织，（没错，是六西格玛！）而缺少有抱负、激情和首创精神的组织。

最近数十年来，全世界的公司为了提高效率和发展速度，都在努力完成自身的流程再造，它们将重点放在了物流、仓储和客户支持等方面。在今后的 10 年里，公司需要投入同样的精力，如果不是去做投资，就是围绕不会带来任何危害的变革，不断开展管理流程创新。

但是，公司具备或者不具备适应能力，到底由什么决定？在本节中，我将概述 6 个关键要素，其中 3 个围绕多种形式的灵活性，包括知识、战略和架构等；另外 3 个围绕预测、多样性和具有韧性的价值观等。在恰当的时候，我会对此前章节中的观点予以妥协，目的在于建立一个综合性的框架，帮助你们找到提升组织适应能力所面临的挑战和推动适应能力培养的关键点。

预测

如果你不能看到未来，就无法战胜未来。

1. 直面无法避免的事情

公司往往错过未来的时机，不是因为未来不可知，而是因为它令人感到不安。想一想通用汽车花了多长时间才承认，公司需要对其在美国庞大的品牌体系进行削减，从而避免了公司破产。这些品牌包括萨博（Saab）、悍马（Hummer）、土星（Saturn）、旁蒂克（Pontiac，售罄或者停产），以及凯迪拉克（Cadillac）、别克（Buick）、雪佛兰（Chevrolet）和GMC等。当初在通用汽车占据了美国50%的市场份额时，拥有所有这些产品是可以理解的。但是，当市场份额降至20%以下时，其负债额就相当巨大了。诺基亚是另外一个不能正视现实的例子。尽管它是智能手机的开拓者（1996年就推出了智能手机系列），但是未能走在移动数据革命的前列。诺基亚"半心半意"地想将公司从以硬件为中心转向以软件为中心的状态，给了苹果和谷歌可乘之机。毫无疑问，通用汽车和诺基亚内部有些员工看到了这一危机，但是高管团队依然保留着对过去的情结。为了避免出现这种怀旧心态，你们必须保证高层团队不去主导公司的战略研讨。有一种方法：创建一个线上论坛，警惕出现新挑战的人可以做出预警，提出可能的应对方案。直截了当地说吧，"下一步往哪儿走"的对话应当由把感情寄托于未来的人而不是依然留恋过去的人来主导，应当由那些认为不需要捍卫10年或者20年前所做决策的人来主导。

2. 从边缘学习经验

在音乐、时尚和艺术领域中适用的道理，在商业领域中同样适用：未来始于边缘，而非主流。正如美国作家威廉·吉布森（William Gibson）所说："未来已来，只是分布不均而已。"要看到未来，管理者应当关注新兴科技、非常规的竞争对手，以及尚未服务的客户群体。一个好的经验法则是，每天花一小时时间或者每月花上几天时间，研究一下科技、生活方式、规范和风险投资基金等方面的新趋势，然后走到第一线去，与发明家、研究者、记者、社会活动家进行交流。如果只是坐在办公室里，你很难看到未来的趋势。鉴于高管的权力大小不同，他们花时间做"未来猎取"便尤为重要了。如果他们自己没有对未来的亲身体验，当听到一线年轻同事不太悦耳的观点时，他们就可能不会完全相信。要记住，只要你走出去寻找，未来便会悄悄向你走来。

3. 彩排不同的未来

单单发现趋势是不够的，你们必须思考清楚这些趋势的意义，以及它们如何互相影响，然后对每种可能的方向制订出恰当的计划。一家公司投入在彩排不同未来上的时间越长，就能够越快地迎接一个特殊的未来："嗨，我们已经看过这部电影了，知道下面的情节了，让我们行动起来吧！"

智力灵活性

一个具备适应能力的公司要具有适应的心态。

1. 挑战假设

在大多数组织中，深层次的假设是"适应"所面临的最大障碍。20 年前，几乎所有美国航空业的人都认为，航空公司要盈利，就需要多种多样的机型和一两个枢纽。当时这么说没错，直到西南航空公司证明这是错的。10年前，我们都假设玩家只能坐着打电子游戏，直到任天堂㊀（Nintendo）开发了一种移动感应的游戏控制器（Wii），让玩家站着打游戏。在变革史无前例的时代，要保护公司不被他人消灭的唯一方法就是"自我毁灭"。但是，第一步你必须解构对行业的看法。在这方面，你可以提出一些有价值的问题：我们怎样才能把行业成本减少30%、50%甚至90%（如LegalZoom网站㊁降低基础法律服务费用那样）？我们怎样才能获得完全不同的客户群体（如菲尼克斯大学探索出为在职的成年人提供大学学历课程的业务）？我们怎样才能将客户的绩效提升10倍（如亚马逊的电子书业务，其将客户获取一本书的时间减少到1分钟甚至更短的时间）？用盖伊·川崎㊂（Guy Kawasaki）的话讲，我们怎样才能使客户"着迷"，而不仅仅是满足或者取悦客户？ 要发现突破传统的观念，你们必须挑战自我，想象一下如何才能取得不同寻常的成果。

2. 投资与基因多样性

自然界的规律同样适用企业界，缺乏多样性会限制物种适应和改变的能力。实际上，尽管公司有各种各样的项目，但大多数公司依然面临着多样性的挑战。高管委员会都是由一些元老级人物组成，他们的工作经验和

㊀ 一家主要从事电子游戏软硬件开发的日本公司，电子游戏业三巨头之一，现代电子游戏产业的开创者。该公司创立于1889年9月23日，最初以生产花札起家，20世纪70年代后期投入电子游戏产业，并于1983年推出了第一代家用游戏机FC。——译者注
㊁ 专注于为中小企业客户和家庭个人客户提供简洁、高效、廉价的一揽子在线法律服务，于1999年在加利福尼亚州成立。——译者注
㊂ Alltop.com的联合创始人，Garage Technology Ventures的执行董事，曾任苹果公司首席宣传官，著有《创业的艺术》等8本书。——译者注

态度都很相近。同质化有其优点，便于沟通、决策速度快等，但是会限制公司对威胁和机遇做出反应。无论处于哪个层级的团队，你都应当反思公司在年龄、性别、文化、技能和行业经验等方面的多样性。变革通常需要催化剂，按照个人的经验，我认为最后的催化剂就是那些观点和人生经历与你截然不同的人。增加多样性有个简单的方法，就是保证每个团队和决策机构的成员年龄低于公司员工的平均年龄，并有其他行业的工作经验，不在公司总部任职等。

3. 鼓励辩论和辩证思维

如果高管视服从和一致性高于一切，那么多样性的价值就非常低了。麦肯锡咨询公司在咨询行业独领风骚数十年，其中的原因之一就是它鼓励内部的不同意见存在。该公司认为积极的争论有助于提高决策的质量。在任何一个组织中，不满的人或者叛逆者往往最先感到长期以来的商业模式岌岌可危，也能够最先看到古怪又新奇的创意是有价值的。但是，这些人往往被迫保持沉默，而不是被鼓励畅所欲言。在每个重要的事情上，管理者都要问问下属和同事："我对此的看法错在哪儿了？如果是你，你会怎么做？还有什么观点我没有考虑到？"最好的领导能够在决策前，公开征求所有人的意见。适应能力最强的公司会鼓励员工说出各种奇怪的想法。

战略多样性

要放弃手中的一只鸟，你必须先要看到丛中的一群鸟。

1. 制定一揽子新战略方案

如果没有诸多令人兴奋的新方案，管理者难免容易做出同样的选择。

正因为如此，创新取决于公司产生和试验无数新战略方案的能力。这里有一个强有力的法则：在 1000 个疯狂的创意中，只有 100 个值得做小规模的试验，而这其中仅有 10 个值得真正投资，最后也就剩下一两个能够实现企业转型或者产生新业务。谷歌即如此。据《商业周刊》报道，在谷歌核心的搜索业务中，该公司每年会测试 5000 余种软件调整方法，并采纳大约 500 种。[1] 实际上，谷歌之所以能够保持在线搜索的绝对领导地位，很大程度上得益于这种在试验上的投入。最后，谷歌或者其他任何公司提升演化的速度，只不过是其产生和测试新战略方案的职能之一。

2. 吸引伟大的创意

为了扩大方案的选择，有一点非常重要，就是要尽可能将创新之网越撒越广。IBM 于 2006 年和 2008 年举办了全球性的"创新脑力激荡"（innovation jams）活动。这种在线对话旨在帮助 IBM 找到新的方法，调动资源应对全球最严峻的挑战。在第一次创新脑力激荡活动中，超过 15 万名专家、供货商、员工和客户参与了长达 72 小时的头脑风暴，产生了 4.6 万个创意。IBM 将如此众多的创意进行了提炼，汇总成 10 大新的增长举措，并拨款 1 亿美元予以资助。戴尔也做了类似的创意风暴，客户可以在网站上发表他们对新功能、产品和服务的建议。创新之战，在某种程度上而言，不仅仅可以让公司获得全世界伟大的创意。如果不能从各种渠道学习，你就不能适应时代的发展。

3. 将试验成本降至最低

如果测试每个新方案要花数百万（甚至千万）美元，那么一家公司就无法开发出大量的新方案。问题在于，大公司不善于做"短平快"的项目。为了追赶变革的脚步，组织必须掌握快速定型的艺术——目标在于加快投资、学习的速度，以便找到新产品的需求点，或者比竞争对手更快速、更低成本地完善现有业务。谷歌又一次做到了。在一次聊天中，谷歌的董事会主席埃里克·施密特告诉我："我们的目标就是在单位时间和资金成本内，比任何人都击中更多的球。"为了做更多的试验，组织必须学习以更低成本的方式做试验、开发脚本、模拟、角色扮演和使用廉价的实物模型等，并让客户参与早期的创意。尽早学习、低成本学习、快速学习——任何一家公司想要追赶变革的脚步，都要遵循这三个基本原则。

战略灵活性

灵巧能够战胜庞大。

1. 分解组织

庞大的事物缺乏灵活性，所以，世界上根本没有200斤重的体操运动员，也没有像大型喷气式客机那样大的战斗机。地球上的超大型动物早在6000万年前就灭绝了，为什么最小的细菌却依然存在，而且种类多达5万万亿以上？正因为如此，戈尔公司[一]（Gore & Associates）生产出了戈尔特斯面料[二]（Gore-Tex）以及其他1000种高科技产品，而该公司将员工总数限定在200人。也正因为如此，全球最大、最高效的番茄加工商晨星公司

[一] 该公司一直将含氟聚合物作为发展的基础，研制的产品超过1000种，从吉他弦线到太空电缆，从人工血管到戈尔特斯面料等。该公司于1958年1月1日在美国特拉华州纽瓦克市创立。——译者注

[二] 戈尔公司独家发明和生产的一种轻薄、坚固、耐用的面料，具有防水、透气和防风功能，突破了一般防水面料不能透气的缺陷，被誉为"世纪之布"。该面料不仅在宇航、军事及医疗等方面广泛应用，更被世界顶尖名牌采用，制成各式各样的休闲服装，因而被美国《财富》杂志评为世界上最好的100个美国产品之一。——译者注

（Morning Star）的员工总数不过500人，但是其内部设置了20个业务单位。也正是这个原因，谷歌公司内部团队的平均人数为4～7人。如果公司是由为数不多又庞大的部门构成的，那么通常会缺乏智力的多元化，因为同一个部门的人思考问题的方式很相近。大型的部门往往会设置更多的管理层级，这意味着交流新想法需要跨越很多层级。此外，庞大的组织容易淡化个人的责任感。身处1000人的组织之中和身处几个人的组织之中相比，一位员工无法感受到个人对组织适应变革所肩负的责任。（当然，那是别人的责任。）鉴于所有这些原因，小型、有差异的单元有利于保证公司的适应能力。大多数高管高估了组织规模的优势，忽视了灵活性的优势——因此，管理者刚愎自用地热衷于将小型的业务单元合并成大型的部门。一家公司如果从外部看规模很大也无可厚非，但是应当让内部员工感受到它"小而美"。

2. 创造对资源的竞争

如果公司宁愿投资于"现在有什么"而不是"未来将会是什么"，那么往往会遭遇失败。这种现象非常普遍，十分令人沮丧。为什么？因为在大多数组织中，成熟的项目和产品线具有明显的优势，能够吸引各种资源；相反，新的项目和产品线则往往缺乏优势，尤其在争夺人才和资本方面。原因主要有两个。第一，在管理体制中，个人的权利在于对资源的控制能力。所以，管理者总是不愿放弃在人员编制和预算等问题上的权力，即使这些资源如果转给组织其他地方会赚取更多的利润。第二，新项目的融资标准往往规定得非常保守。在核心业务上的大规模投资是可以理解的——核心业务有着坚实的基础，而这意味着新领域中小型探索性项目得不到投资。没有人会为了一个完美的商业案例而在一个小型试验上投资数千美元。在大多数企业中,现有业务享有"占屋者权利"⊖(squatter's rights)——在年度预算中,它们的预算和人员编制中只有很少部分可供竞争。

对于这个问题,有几种解决方案。第一,高管应当为真正创新的项目单独设置预算。这样一来,如果传统业务不能实现突破,它占据的大量资源就可以自动调配给更具创新性的业务单元。第二,应当放宽对小型试验性项目的投资标准,这一点非常重要。风险投资家是在多种产品组合的层面上来评估风险的,而不是一个一个地进行项目评估。虽然他们明白大多数新业务都会失败,但是依然会投资。他们认为在15~20家公司的产品组织中,只要培养出一个eBay或者Facebook就足够了。著名的风险投资家史蒂夫·尤尔韦松(Steve Jurvetson)曾经对我说:"在一般情况下,我们的判断都是错误的。但是,一旦判断正确,那就绝对正确!"因此,即使某项投资可能(或者最有可能)血本无归,投资组合的平均回报却非常可观。公司应当学会承担少量重大的风险和许多微小的风险。第三,高管应当鼓励人才流动。例如,一个能力极高的管理者如果为了开发新业务而调换工作岗位,就应当比在成熟的业务上谋求安稳的人获得更高的待遇。

3. 拓宽新创意的投资来源

在大多数企业里,新创意都是"买方垄断"的。员工即使有了一个很酷的新创意,往往也只能有一种选择——逐级汇报。如果项目不是老板看重的,就无法获得资金,而资金来源匮乏会严重制约创新。比如,你可以想象一下,如果硅谷只有一家风险投资公司,而且是由微软公司的元老创办的,情况会怎样?谷歌和Salesforce可能永远也获得不了融资。在风险投资圈,一位准创业者经历多次被拒后才可能找到愿意投资的人,这是极其常

⊖ 指有人非法占有一处房产10年以上,法律就承认此人对此间房屋拥有所有权。——译者注

见的。但是，在大多数公司里，只要有一个人说"不"，项目就会被判死刑。

解决办法并不是在内部设立风险基金或者孵化器。这样的确可以让资金来源增多，但是仅此而已。在大型企业中，成百上千的人都有某些预算自主权。想象一下，允许他们每个人在自己看中的项目上只投入预算额的2%～5%，这样转眼间，内部创业者就能在数十位天使投资人中进行选择了。即使某位高管反对，也不会再扼杀新的创意。创立一个开放的论坛，促进创意之间的竞争是相当重要的。更为重要的是，确保创新者能获得多种渠道的资金来源，而不是某位高管或者"风投委员会"就能够决定所有新项目的投资决策。涉及资源分配时，大多数公司依然采用过时的而不是硅谷的做法。这一点必须改！

结构的灵活性

不要轻易放弃你的自由，要坚决保卫你的灵活性。

1. 承诺要留有余地

重大的资金投资、多年的劳动合同、专业化的设施、高昂的固定成本……如果不能从过去投射出未来，所有这些都是危险的。纵观历史，管理者常常为了公司获得短期的经济优势（例如短期和谐的劳资关系、长期的租金优惠，或者大型的工厂等），牺牲了长期的适应能力。随着公司的不断发展，他们需要清晰地评估每个决策的"适应力成本"，关键的问题包括："这个决策如何限制我们的发展？""在什么地方会降低我们的自由度？""我们要摆脱限制需要付出多大的代价？"虽然经济萧条影响了豪华旅游业务，但总部位于多伦多的四季酒店（Four Seasons Hotel）依然抵挡住了诱惑，对门市价不予打折。相反，他们推出了第四天或第五天免费的优惠政策。也许降低房价在短期内能够提高酒店的入住率,但是长期来看会破坏酒店定价的灵活性。要建设一个具有适应能力的公司,你们必须将"可逆性"作为每项商业决策的重要参数。

2. 投资灵活性

避免因疏忽造成的困境是不够的,每家公司都必须积极地提升灵活空间。如今,市场呈现碎片化,客户变化无常,需求随时在变,任何公司只要去思考如何降低利润平衡点或者增加产品多样性,就能够获得决定性的优势。想一想丰田公司,其正是因为灵活性而久负盛名。10年前,丰田公司推出了"环球车身生产线"(global body line)制造系统,再次提高了灵活性。与前身"灵活车身生产线"(flexible body line)相比,"环球车身生产线"将在同一生产线上生产多辆汽车的成本又降低了70%。同时,它还将生产线上的脚印减少了50%,并将相关的资本支出降低了50%。[2] 矛盾的是,建立灵活性的优势通常需要对几个重要的变量进行标准化。环球车身生产线能够制造各种款式的丰田汽车,这是基于每款车都是围绕着常见的规格来设计的,使得生产线上的机器人在交替处理各种款式的汽车时能够做到无缝衔接。丰田公司的终极目标是:能够在全球任何地方的任何一条生产线上生产它的任何一款汽车。这就是灵活性的真实写照!

3. 能力与平台思维

要具备适应能力,公司必须使其资产摆脱任何特定市场或者产品类型的限制。这就要求公司开展有弹性、可延展的"自我定义",并将其建立在深层次的能力和广阔的平台基础上,而不是建立在具体的产品和服务上。如果苹果公司将自己定义为一家电脑公司,而不是在数码产品领域提供世界级的设计和用户体验的公司,它绝不会进军音乐行业或者为手机业务带来变革。另外一个例子是戈尔公司,它创办于 50 年前,年年盈利。这是公司适应能力最好的证明。戈尔公司的秘诀是什么?答案就是,该公司没有"核心业务",它将自己定义为基于化学能力的多种产品供应商,可以在十余个市场中发挥自己的能力。

富有韧性的价值观

你们必须将适应能力植入公司的 DNA。

1. 拥抱宏大的挑战

没有高适应能力的人就无法建成具有适应能力的组织,个人只有在迫不得已的时候,或者真正有意愿的时候才会做出改变。正如前面所述,深刻的变革往往是由危机驱动的,人们通常是在超出自我控制之外的环境推动下才做出变革的。但是,世界各地的人每天都在积极拥抱变革,因为他们在机遇的诱惑下要成就远大、令人兴奋或者高尚的目标。如果你想让他人引领变革的潮流,就必须让他们觉得值得这样去做——你要给予他们诱人的挑战,鼓舞他们不断前进,或者让他们自己去定义自己。这听起来很简单,但是在大多数公司里,这绝对不是像珠穆朗玛峰那样耀眼、宏伟的目标,能够让他们放弃舒适的睡袋,然后爬上冰雪覆盖的变革与挑战之峰。这是个难题,因为如果没有目标,任何对现状的干扰都是令人痛苦的。

2. 嵌入新的管理准则

正如我在这一部分引言中所表达的,现代的组织在设计之初就缺乏适应能力，人们建立组织是为了规范和效率。正因为如此，让一个大型组织做出改变，就如同让一条狗只用两条后腿走路。如果你拿着诱人的食物在一只狗面前晃悠，也许能诱使它用两条后腿蹦跳几下，但是一旦你转过了身，它就又会四脚着地，因为狗原本就是四脚行走的动物，而不是直立行走的动物——它没有遗传用两条腿直立行走的DNA。同样的道理，大多数公司的基因中就没有适应能力的DNA，它们的核心管理流程中就没有考虑适应能力。要改变这一点，需要做类似基因治疗的处理。组织应当用适应能力的DNA对其效率的DNA进行有效的补充。在实践中，这意味着什么？这意味着努力向过去几十年、几百年中世界上一切展现适应能力的事物学习——比如生物系统、民主政治、城市、股市等。通过对这些具有高度适应能力的系统进行深度挖掘，我们就能够发现打造高适应能力企业的准则，其中最重要的准则有：多样性（你必须做各种各样的尝试）、去中心化（你需要建立自下而上做出变革的体制）、意外的新发现（你要创造机会争取意外的发现和随机的谈话），以及资源配置的灵活性（你必须让资源和创意自由地传递）。当然，真正的挑战在于想办法如何将这些原则落实到你所在组织的日常工作中去。要深入了解如何去做的洞见，请参见第4章和第5章的详细内容。

3. 崇尚基于网络的价值观

互联网是人类最具适应能力的发明。从谷歌、克雷格列表⊖（Craigslist）到Twitter，从YouTube、Flickr⊜到Facebook，10年前几乎没有人能够想象到网络会发生如此迅速的变化。网络同时催生了许多令人惊叹的新事物，

⊖ 大型免费分类广告网站，但某些城市的招聘广告需付费，这是这家网站的主要收入来源。——译者注
⊜ 一个图片存储和视频托管网站。——译者注

包括众包、大众分类、意见市场、维基百科、糅合文化和微博等。管理体系是建立在自上而下的管控模式基础之上的，而网络则不然，它基于"边缘地区"，很少存在"中心"——其架构是终端对终端，而不是中心到终端。然而，管理技术与互联网技术的差异不仅仅在结构上。网络的核心在于诸多的社会价值，与一般公司的主流价值观形成了鲜明的对比。社群、透明、自由、精英管理、开放、协作——这些构成了网络的基本思潮。在公司的范围内，控制、纪律、责任、可靠性、可预见性等价值占据了至高无上的地位。在21世纪，组织必须将这些相互对立的价值观整合起来——在第5章，我们将谈谈怎样整合。

这就是打造具有适应能力公司的秘诀，的确有些可怕吧！我明白，这就像做海鲜馅饼，而不是普通的馅饼。但是，回想一下那些早期的管理先驱，像亨利·福特和弗雷德里克·温斯洛·泰勒等人，他们当年的经济仍以农业和手工业为基础，是什么激发和支撑他们不断探求，掌握了大规模、高效率的生产方式？这个使命在他们看来也一样吓人吧？我想是梦想——通过生产人们既能够买得起又节约人力的机器，来改善亿万人的生活。那么，我们的梦想是什么？

今天，整个世界被大型公司所主导。我们很依赖它们，作它们的客户、员工和投资人。但是，这些大公司经常让我们失望。当我们是消费者时，成了这些大公司冷漠、教条地固守规章制度的牺牲品，它们只看重效率，不关心对客户的服务。作为员工，我们的声音被漠视，白白浪费了我们的创新能力。然后，当危机不可避免地来临时，它们又要求我们承担过多的损失。作为投资人，我们眼睁睁地看着曾经伟大的公司错失良机，让我们的资产严重缩水。我们所有人都与组织的命运休戚相关，我们需要它们大幅度提高抵御风险的能力。

我们可以像许多年前的管理创新者那样，心怀梦想。我们可以梦想，组织能够永远憧憬未来，在每次机遇到来时都能实现飞跃，改善人类的生活条件；我们可以梦想，组织对变革的热情无处不在，能够看得见摸得着，组织中的个体胸怀使命、不受官僚主义的拖累，满怀热情地奔向未来；我们可以梦想，组织中无畏的叛逆者总是能够战胜非常恐惧的反对者，支持未来的人总是多于因循守旧的人；我们可以梦想，组织创新时不会再经历转型的痛苦。如果勇往直前、大胆创新、坚定不移，我们就能打造这样的组织。现在，这件事很重要。

第 4 章

激 情

揭露管理的痼疾

如果一位外科大夫医死的病人比救活的多,你会做何感想?如果一位警察杀死的人比拯救的人多,你会做何感想?或者说一位教师教授的学生中越来越笨的比聪明的多,你会做何感想?如果你发现大多数医生、警察和教师都是如此,这些奇怪的现象绝非偶然,而是一种常态,你又会做何感想? 你可能会感到更加困惑、更加愤怒,会强烈要求采取措施!

既然如此,当有数据显示大多数管理者对员工的热情之火是去浇灭而不是鼓舞时,我们为何还表示满意?当我们的管理体制更可能让表现卓越的人沮丧,而不是鼓励他们时,为什么我们不生气?

想一想韬睿咨询(Towers Perrin)(如今已更名为韬睿惠悦,Towers Watson)发布的《2007~2008 年全球劳动力研究报告》(*2007~2008 Global Workforce Survey*)[1]。为了测评全球员工的敬业度,韬睿咨询调查了 18 个国家的 9 万名员工。调查涵盖了决定工作场所敬业度的主要因素,其中包括参与决策的能力、对创新思维的鼓励、提高工作技能的任务分配,以及高管对员工健康的关注等。

通过调查，研究者有了如下发现：大约 1/5（21%）的受访者在工作上完全敬业，他们在一定程度上愿意为雇主"多做一点"；大约 2/5（38%）的受访者基本上不敬业或者完全不敬业；其余的 2/5 马马虎虎。对于这一发现，我们无法掩盖事实，数据就是对常规管理的强烈控诉。

看到上面的数据，难道我们不应该感到愤慨吗？每年我都会与成千上万的管理者进行交流，他们对员工敬业度的关注都排不到前三位。对于这种明显的不重视，我们怎么解释？以下是几种可能的假设。

1. **无知**。有可能管理者没有认识到，员工在工作中心不在焉。也许公司领导没有进行类似韬睿咨询公司这样的调查，也许他们情商不够，无法识别工作场所中员工的不满。

2. **冷漠**。另一种解释可能是，管理者明白许多员工缺乏工作热情，但就是不在乎。可能是公司冷漠的企业文化让他们丧失了同理心，也可能是他们认为员工敬业度对公司财务状况无关紧要——员工敬业度高了更好，但并非必须关注。

3. **无能**。还有一种可能，就是管理者非常关注敬业度，但是不知道如何改善。毕竟，许多工作都很枯燥。零售部的文员、工厂的工人、呼叫中心的职员、行政助理等，这些工作岗位的敬业度本来就低，还能怎样？如果监狱看守突然抱怨工作缺乏乐趣，管理者会感到非常震惊。

我们来评估一下这些假设。我觉得第一种假设不可能。看过《呆伯特》（*Dilbert*）漫画㊀的人都知道，在大型组织里愤世嫉俗和心态消极再常见不过了，恐怕只有像鸵鸟一样逃避现实的人才不知道这些情况。

㊀ 斯科特·亚当斯（Scott Adams）的漫画与图书系列，是以作者自身的办公室经验与读者来信为蓝本的讽刺职场现实的作品。——译者注

我对第二种假设有更多的建议。我认为有许多管理者还需要掌握敬业度和财务成功之间的根本联系。敬业度评价得分高的公司，其收益增长和利润空间比得分低的表现得更好——这一点在韬睿惠悦的调查[2]和本特利大学[一]教授拉金德拉·西索迪亚的研究[3]中均已得到体现。今后，工作乐趣与利润率的相关关系会更显著。下面，我用苹果手机的例子来解释一下。

问问自己，苹果公司完全没有手机行业的经验，是什么使得它如此快速地进入手机领域？答案是什么？就是撬动许多商品的知识与从第三方供应商那里获得标准零件的能力。为数众多的公司，大多数是亚洲公司，都了解手机制造。即使这能帮助我们理解苹果公司为何能如此迅速地进入手机领域，但是也不能解释为何苹果手机能够获得如此巨大的成功。2011年第一季度，诺基亚手机的销量是苹果手机的近6倍，但是其收入却不及苹果公司。这是为什么？《电脑世界》博客的一份战略分析报告显示，苹果手机的平均售价为638美元，而诺基亚只有87美元。[4]

由此我们可以得出，要成为利润最高的公司，不一定非要规模最大，却一定要差异化最大。苹果公司通过注入许多非商品性的知识，将苹果手机做成了"印钞机"一样的产品。2007年6月，苹果手机一经面世，就为用户提供了一系列独特的功能：触屏显示、内置音乐播放器、功能强大的网络浏览器，以及一整套非常实用的应用程序，用户可以查询天气与股票行情、观看YouTube视频等。

苹果手机的利润远远高于诺基亚，从这一事实我们可以很容易看出，在制造手机方面，苹果公司在诺基亚标准的元件基础上增加了更多差异化的元素，并且采用了极为高效的方式。或者换句话说，苹果手机的价值链有许多要素，到目前为止，苹果公司的差异–成本比最高，因此获得的利

[一] 美国波士顿地区顶尖的商科名校，在全美都享有极高的声誉。——译者注

润也最多。

在知识商品化的时代，能够产出非标准化知识的公司将会获益。成功是用人均利润来衡量的，根据资本再进行调整。正如你所想的那样，苹果公司的人均利润、利润与净资产之比等都比主要竞争对手的明显高出一截。

你的公司处于行业生态系统的什么位置，纵向和横向整合怎么样，这些都不重要。重要的是"客户认知价值的相对市场份额"，以及为产生这种价值而投入的成本。一家公司差异化的程度越高，其行业利润率就越高。

当然，苹果公司并不是没有受到商品化带来的影响。在产品发布的几个月内，苹果手机的许多原创功能都遭到了模仿。所以，苹果公司不得不再次创新。它邀请了第三方开发者为苹果手机编写应用程序，这为便携式计算机的开发奠定了坚实的基础。可是，黑莓和谷歌这样的竞争对手又一次予以效仿。

但是，这些与员工敬业度有什么关系？如今的客户，每天醒来就会问："有什么新东西？有什么不一样的东西？有什么让人惊奇的东西？"一家公司的成功有赖于其首创和想象的能力，以及各级员工的热情。只有他们全身心地投入在工作、公司和使命之上，公司的成功才能得以实现。

我在上一本书《管理大未来》中提出了一个框架，也就是我对马斯洛需求层次理论的理解。我这一本书不是关于人类需求层次的，而是人类工作能力的层次（"工作能力金字塔"，见图4-1）。在图的最下方（第一级）是服从——员工每天都要出勤，严格遵守公司规定和工作流程。服从非常重要，没有服从，大型企业就无法运转。第二级为勤奋，员工辛勤工作，直到工作完成才离开，履行个人职责，出色地达成工作成果。这一点同样非常重要，如果员工懒懒散散，企业很难获得成功。第三级是专业性或者说个人能力。

```
第六级：热情
第五级：创造性
第四级：主动性
―――――――――
第三级：专业性
第二级：勤奋
第一级：服从
```

图 4-1　工作能力金字塔

每家企业都希望拥有一流技能的员工，希望他们训练有素、求知若渴。问题在于，服从、勤奋和能力正在变为全球性的商品。你可以在印度、中国等全世界任何地方买到这些人类具备的能力，而且非常廉价。认识到这一点，许多公司将无数的工作岗位外包给劳动力富裕、员工训练有素又听话的国家。不过，工资套利并不能作为获得长期竞争优势的策略，因为每个竞争对手或多或少都能得到生产的低成本要素。换句话说，如果公司从员工那里得到的只有服从、勤奋和知识，这个公司最终会失败。

所以，我们必须向工作能力金字塔的上层移动。专业性的上一级为主动性——当员工看到问题或者机会时会主动采取行动，他们不会等待领导的命令，也不会局限于岗位说明书上的责任，他们天生就积极主动。再上一级的能力是创造性。到这一级的员工，他们渴望向传统智慧发起挑战，总是从其他行业寻找伟大的创意。最后一级，在顶端的是热情——员工将工作视为使命，视为为世界创造价值的一种方式。对于这些热情的灵魂，职业和业余爱好的界限不那么分明。他们将自己全身心地投入工作之中。其他员工仅仅是"身在曹营心在汉"，而他们是全身心地投入。

在当今创新型经济中，大多数价值都是处于顶端的工作能力创造的。勇敢、想象力、热情都是竞争差异的终极源泉。当然，困难也在于此。这些人类高级的工作能力都是天赋，不是靠命令得来的。一个人不可能靠他人指令变得热情或充满创造力。就算可以，作用也非常小。个体每天自行选择是否将这些天赋带到工作中去，但研究数据显示，大多数人都选择不带。

回顾历史，管理者认为他们的首要任务是确保员工以服从、敬业和专业的方式为组织的目标服务。现在，我们需要将"组织第一，个人第二"的假设调换一下顺序。不要去问"我们如何能够让员工更好地为组织服务"，而要问"我们如何打造组织，才能让员工值得将非凡的天赋带到工作中"。简而言之，今天每位管理者最重要的任务是，营造一个鼓励特殊贡献以及崇尚热情、想象力和主动性的工作环境。

我们来回顾一下：

- 每个行业都有大量商品化的重要知识，那些尚未商品化的知识也很快会商品化。
- 有鉴于此，我们必须告别"知识经济"，迎接"创新经济"。
- 现在重要的是一家公司能够以多快的速度产生新的洞见、建立新的知识，以增加客户价值。
- 为了摆脱商品化的诅咒，公司必须改变游戏规则，这要求员工积极主动、充满创意、满怀热情。
- 问题在于，在创新型经济中，人的能力最为重要，也最难以"管理"。
- 鉴于上述内容，我们需要将关注点从"管理"转向"释放"。

如今，面对员工投入于创造未来上的挑战，领导者无法再漠不关心。在过去，员工敬业度与产业经济无关，对知识经济而言可有可无，但是现在几乎影响着全局。

你可能会说，有道理。"我很愿意创造一个高度敬业的工作环境，但是我的员工并不能用前沿的技术创造出精美的产品。他们不过是呼叫中心的接线员、客房服务员或者日用百货打包员。"如果工作本身不够吸引人，你怎么能期望员工敬业？许多工作都没什么价值，研究数据不就能看出来么？

实际上不是的。韬睿惠悦的研究发现，86%的员工表示热爱或者喜欢他们的工作。那么，为什么敬业度不能再高一些？主持全球劳动力研究的茱莉·加保尔（Julie Gebauer）指出，敬业度有三个要点：第一，员工学习和进步的范围（有没有成长的机会）；第二，公司的声誉和为世界创造价值的承诺（公司是否有付出艰辛努力的使命）；第三，公司领导者的行为和价值观（是否值得信赖，员工是否愿意追随）。

以上这些都是管理问题。正是管理者，决定是否对员工授权，是否为他们的优异表现创造空间。正是管理者，清晰地表达出引人注目、心系社会的愿景，并使其成为全员的呼声。正是管理者，展现出值得赞扬的价值观。调查数据在此又一次让人感到不安。

仅有38%的员工认为"高管真正关心员工的身心健康"；不足40%的员工认为"高管开放、真诚地交流"；不到40%的员工认为"高管与员工交流公司决策的原因"；只有44%的员工认为"高管平易近人"。也许最糟糕的一点是，不到一半的员工认为"高管的决策与我们的价值观一致"。

基于以上内容，我得出结论，如果我们要提高员工的敬业度，首先必须承认，如果员工在工作上不够热心、不够热情、不够积极，不是因为工作本身无趣，而是因为管理者糟糕。

以人为本

我家住在距离圣安德烈亚斯断层㊀（San Andreas fault）不足半英里的地方，所以任何地方发生地震我就会想到这儿。有时候我不禁想，这种对地下潜在风险的担心是否至少能够在一定程度上解释，为何硅谷存在狂热的提前完成工作的工作规范——公司要快速发展，因为说不定明天就会倒下。

与许多类型的变革一样，重大的地质活动形成的过程非常缓慢，而后突然间爆发。地壳板块在移动，它们通过摩擦互相牵制数十年、数百年，然后突然有一天变化的力量得以挣脱，地震就发生了。

一般来说，社会动荡不会像地震那样突然发生，但是会一样惊人，尤其是对于那些不太关注的人而言。多年压抑的不满和困扰会突然间爆发出来，破坏长期形成的关系。回顾历史，我们会发现许多类似的事件。比如，1773年，愤怒的殖民地人民将300箱英国茶倒进了波士顿港；1966年，民权运动者坚决地从阿拉巴马的塞尔马游行至州议会大厦。

其实，此类事件沿着个人和组织之间的断层线正在发生。

在过去几年中，我们目睹了个人对组织和管理者根本性的信任坍塌。如表4-1所示，在近期的一次盖洛普民意调查[1]中，当要求受访的美国人对各种职业的道德水平进行打分时，代表大企业和大政府的职业得分几乎垫底。仅有15%的受访者认为企业高管的道德水平"高"或者"非常高"。国会议员的得票比例更加糟糕，只有9%。

㊀ 贯穿美国加利福尼亚州，长约1287千米，深入地面约16千米，处于向西南运动的北美板块和向西北运动的太平洋板块交界处，系两侧板块相互剪切滑动形成的平错型（剪切）边界，存在的时间已经超过2000万年。——译者注

表 4-1

职　　业	将每种职业的道德水平评价为"高"或者"非常高"的受访者比例（%）
护士	81
医生	66
警察	62
牧师	53
电视台记者	23
银行家	23
律师	17
企业高管	15
国会议员	9
汽车销售员	7

2010年的爱德曼信任度调查报告（Edelman Trust Barometer）[2]显示，不足25%的美国人认为，企业首席执行官提供的信息"非常可信"或者"绝对可信"。

有些人也许会认为，这种信任赤字不过是一些尽人皆知的丑闻所引起的，如意大利帕玛拉特集团或者雷曼兄弟的丑闻。我相信还有更加深层次的原因。个人利益和组织利益的构造板块在向不同的方向移动，并且持续了一定的时间，至少从"普通"工作人员和投票者的角度来看是这样的。

当政客歪曲事实或者首席执行官不信守诺言时，就会遭受信任危机。例如，卡夫食品有限公司（Kraft）的艾琳·罗森菲尔德（Irene Rosenfeld），未能信守她在合并前不关闭吉百利公司（Cadbury）在英格兰萨默代尔（Somerdale）巧克力工厂的承诺。[3]但是，我想个体与组织脱离的根源，要比几句谎言或者像安然公司这样偶尔的过失更为严重。

不仅仅是个人不信任公司领导的人品，而且他们不再信任社会上最有权威的组织能够代表他们的利益。就在我写到此处时，数据显示只有6%的美国人认为华盛顿的立法者表现"较好"或者"出色"。[4] 正如在前一节中大家看到的,只有不足 2/5 的员工认为管理者切实关心他们的身心健康。[5]

信任不单单是真诚,也关系到友好和亲善。我们信任那些将我们的利益放在心上的人,而不会信任那些对我们的关切充耳不闻的人。欺骗和渎职会破坏关系,也会慢慢腐蚀亲密与和谐。

如果立法机构被政客统治,而这些政客将资助者的利益凌驾于选民之上,或者为了短期的政治利益牺牲整个国家长期的经济安全,那么政府组织就是滥用了人民的信任,无论是否违背了任何道德准则。同样地,如果企业领导把员工当成可消耗的资源,把巨额资金装进自己的腰包或者削减员工的福利,却为自己保留特权,无论是否违法,企业都会受到质疑。

我没有做实证研究去证明近年来领导者的诚信度是否下降,但他们越来越不在意公民和员工的利益,至少大多数人是这样感觉的。造成这种现象的原因很多,以美国联邦政府为例,原因包括以下 3 项。

- 竞选筹资体系让立法者变成了特殊利益群体的"哈巴狗"。
- 为在任者的利益重新划分选区。
- 候选人遴选体制对政党极端主义分子产生过多影响。

在企业界,这种"错位"是由以下原因造成的。

- 竞争压力刺激了工资套利现象的产生。
- 高管的薪酬体系不鼓励长远的思维。
- 独裁式的管理实践损害了员工士气,挫伤了有贡献的员工。

另一个潜在的原因就是企业和政府部门领导的集权意识。有些位高权重的人总想要更多的权力，并且善于编造出这么做的充分理由。谁又能反驳一个声称"和谐""共享服务""最佳实践"或者"规模经济"的"综合性解决方案"呢？然而，随着权力从边缘向中心转移，个体的影响力逐步衰退，政策越来越不适应具体环境了。结果，人们感到被侵害却又无能为力。

我认为互联网的发展是造成个体与组织割裂的原因之一。近年来，数千万的人利用互联网的开放性和精英管理架构。我们在网络上发表意见，曝光当权者的违法行为，建立在线社群，发起新的"草根行动"。我们这样做了以后，就越来越不能容忍线下世界中封闭的、自上而下的权力机构。

无论是什么原因，数据已清楚地显示，越来越多的人感到组织在为财阀的利益服务。我的教友对于他们教会对性侵犯行为反应迟钝而感到蒙羞。茶党⊖（Tea Party）的激进分子感到他们的公民权被政客剥夺了，这些政客完全听命于政治说客。占领华尔街的人感到金融体系伤害了他们，却养肥了那些轻率的银行家。在全世界范围内，一线员工感到自己被管理者边缘化了，被视为半程序化的机器人了。

如果从金字塔底部看，高层的问题与其说是明目张胆的欺诈，不如说是帝王般的蔑视。因此，在美国，平民主义成为一种日益增长的政治力量也就不足为奇了。如果求职的工商管理硕士生在评估未来的雇主时，给"关心员工"和"起始薪酬"两项的打分几乎一样高，也不算什么怪事。[6]

在 2010 年的《全球劳动力研究报告》中，韬睿惠悦发现，员工比以往任何时候都更愿意用在职的额外福利（例如培训、奖金和定期带薪远足等）换取工作安全。[7] 问题在于，再增加额外的工作安全也不太可能了。有些公司在劳动力市场紧缩时都不愿意对员工的忠诚和敬业进行奖励，经济危机

⊖ "茶党"发端于 1773 年美国东北部的波士顿，后成为革命的代名词。2009 年 4 月 15 日是美国纳税日，新生的茶党发动了全国性的游行示威活动。2010 年 1 月底，全美茶党分支有 1134 个。茶党的兴起显示了美国民众反对奥巴马的情绪高涨。——译者注

时员工的选择更少，他们就更不可能给予奖励了。相反，高管们更有可能发挥其新学到的议价能力，继续压缩员工的福利，榨取更多的利益。经济下行可能会导致企业营收减少，但是员工的不满可能会增多。

无论经济发生什么，将员工和组织联系在一起的绳线会持续磨损，除非各级领导重新思考个体与组织关系中那些最根本的假设。

打开一个普通管理者的头脑，你会发现他的思维方式，将组织凌驾于个体之上：

机构→个体→利润

公司雇用员工是为生产产品或者提供服务，为股东赚取利润。在这个模型中，个体与机构的关系就是人与原材料的关系，都是服务于组织目标的生产力要素。在现实生活中，人不会被插入机器之中，但是常常会被插入不适合他们或者不能实现他们价值的工作岗位上。在通常情况下，个体必须服从组织，而不是组织服从个体。如果你对此提出质疑，自问一下：如果你有选择的自由，会怎么去做？如果你有充分的选择自由，会选择什么样的老板？如果可以自由选择电脑的话，你会选用哪个品牌的？

但是，我们要设想一个不一样的模型，首先考虑个体的利益：

个体→组织→影响

注意，这个模型把"机构"换为了"组织"。机构是指许多结构和权威的等级分配，而组织的含义更为宽泛。它可以包括多个部分构成的组织，比如嗜酒者互戒协会⊖（Alcoholic Anonymous），以及开放源码的软件工程等网络化组织。在此，负责人是公仆型领导，即使有酬劳，他们也将自己视为志愿者。他们清楚地知道，组织只有满足支持者的需求，才能获得成功。

⊖ 又名戒酒匿名会，是一个人人同舟共济的团体：所有成员通过相互交流经验、相互支持和相互鼓励来携手解决他们共同存在的问题，并帮助更多的人从嗜酒中毒中解脱出来。该组织1935年6月10日创建于美国，美国退役大兵比尔和鲍伯医生是共同创始人。——译者注

在这个模型中，组织成了工具，个体不再是工具了。这两个模型构成了一个统一体的两端，尽管很少有组织（或者机构）处于极端的位置，但大多数企业依然保留着"组织第一，员工第二"的观念。我认为基于以下两个原因，我们需要做出改变。

第一，利益不一致会影响竞争力。公众一旦愤怒和担忧，便会用一大堆制度和规范将大企业捆绑起来。这样一来，机构的灵活性和应变能力就会降低。此外，低信任度、低敬业度的机构无法完全调动员工的聪明才智，并最终会影响组织的创新性和韧性。规章制度过于严格，人才未得到充分激励，机构的竞争力就会不断减弱。

第二，我们值得被更好地对待。没有人只配在僵化的经济体中的组织中工作，而不是在充满活力、开放的社群中工作。民主制度下的人感觉自己是公民而不是臣民。

建设以人为本的组织并不意味着重新回到19世纪家长制的企业福利。我们大多数人都不想被当作孩子。我们明白，我们处于一个不确定的世界，没有人能够保证给我们铁饭碗。我们也明白，个体的利益各不相同，没有任何一个组织能够协调五花八门的需求。然而，我们希望我们的组织能够扮演公仆而不是君王的角色，这意味着建立组织要遵循下面这些简单而重要的原则。

- 在可能的情况下做到分权。
- 重视社群而不是层级。
- 在决策过程中确保公开透明。
- 让领导为被领导者负责。
- 根据贡献而不是权力、地位等给予回报。

- 用平级评价代替上级评价。

- 稳定地扩大员工自主权的范围。

但是你会问，一个以机构为中心的企业能够完全改变吗？领导者能够改变思维模式吗？能说服他们放弃自己的特权吗？指挥－控制型领导能够转变为调动－指导型领导吗？这些能在不损害经营效率的情况下得以实现吗？我认为答案姑且是"能"。在下一节中，我会与大家分享一个拥有500年历史的机构的案例。

建设充满激情的社区

如果你认为我有些浪漫主义思想，我不会怪你。即使算得上浪漫主义，我也不是玫瑰、红酒那种，而是多情的理想主义者。你可能会说："得了，哈里，你不可能建立以人为本的组织，除非你从零开始自己干。"全食超市的创始人约翰·麦基即如此。他曾是一位嬉皮士，现在仍在经营这家超市。也许你还会问："你的理论如何能在一个等级思想根深蒂固的传统组织中有效呢？而且，如果你仅仅是一位小组长，而不是高级副总裁，你又能怎么办呢？当然，我想激发组织的热情，但是如果被压在层层官僚等级之下，那是非常困难的。"

我明白，你的疑虑是正常的。旧的组织虽然很难改变，但是也可以做到。你可以从任何地方入手，甚至是你自己的团队。不相信吗？接着往下看，我跟你分享一个精彩的故事，这是一个关于组织自下而上变革的故事。这家组织就是英国国教会，成立于亨利八世统治时期。

如今，不到 3% 的英国人每月会去参加英国国教会的礼拜仪式。[1] 从 1969 年起，参加礼拜的人数减少了一半。[2] 英国的一家基督教慈善机构——德爱基金会（Tearfund）做过一项调查，估计有 1/3 的英国人已经脱离了教会，这些昔日的教区居民不再每周参加礼拜了。[3] 50% 的英国公民依然自称基督徒，这就让教会的衰落更加令人困惑。有一家基督教网站这样写道："如果英国国教会是国家足球队，我们早就把它的管理者赶下台了。"[4]

实际上，英国国教会越来越与数百万的英国老百姓没关系了。这里，我要声明一下我的爱好。我住在英国的 10 年间，经常参加英国国教会的活动，很有特色，激情的唱诗、深情的传教和丰富多彩的儿童活动。但是，我感觉在那里，我很容易变成只坐着暖凳子、掏腰包捐款，或者站在后排评头论足的人。牧师想从我身上得到的似乎只是爱心和慷慨。与其他去教会的人一样，我经常被叫去参与慈善活动，帮助各种项目筹款，但是仅此而已。看上去没有一位牧师渴望我或其他任何人主动或者牵头去做些什么。没有人要我去负责什么事，我只是去"服务"。听起来我像是在为自己的懒惰找借口，没错，但是如果没有主动做事的空间，真的很难让我兴奋起来。同时，能做什么贡献，别人早已规定好了。坦率地讲，在那种自上而下、牧师掌控的教会模式下，我在努力寻找自己的位置。现在依然如故。从这方面看，如果德鲁·威廉姆斯（Drew Williams）的经历属实，我个人就绝对不是特例了。

我多年以前就认识德鲁，当时我从英国搬回美国已有 15 个年头。我了解到德鲁刚从大西洋彼岸搬到美国来，担任康涅狄格州格林尼治镇一家教会的高级牧师。早在 10 年前，他就做过一次职业转换。德鲁曾接受过企业律师的培训，从事过 10 年的法律工作。但是，他后来决定追寻"更高的使命"。在布里斯托尔修完神学课程后，他被分配到伦敦西北 25 英里以外位于赫特福德郡乔利伍德的一家英国国教会担任牧师。

在一次会议上，我表达了一个观点：组织应当围绕"充满激情的社区"来建立。德鲁听到以后发邮件给我，他在邮件中说："当你讲到这儿的时候，我忍不住想站出来鼓掌。但是鉴于我英国人的身份，所以没有这样做。"后来我们通过电话取得了联系，我得知德鲁在圣安德鲁斯教会上任后，帮忙建立了一个激进的"管理模式"。这一模式是从会众逐渐辐射开来的，而不是从神职人员自上而下开始的。我想，"哇，如果这样的模式可能在一个拥有500年历史的机构中实现，或许我们真的可以在组织和个人的裂缝中建起一座桥梁"。

当德鲁于2003年在圣安德鲁斯教会任职以后，他加入了一家拥有500名会员的教会，开展了一系列活动，每周都组织几次高质量的礼拜活动。按照英国的标准，这个教会算是一个成功的大型教会！

正如德鲁所说，问题在于圣安德鲁斯的教友流出大于流入，每年会员的流失率达到了10%。德鲁对于他看到的"来找我们"的模式感到困扰——物质上和精神上的双重问题，即每周的礼拜和教堂的硬件建筑本身，成了教会使命的焦点。

德鲁说："虽然布道过程中有许多亮点，但是发动会众参与，还是我们的弱项。他们会看我们都能提供什么。所有的事情都做得非常专业了，会众就将自己视为旁观者。"

圣安德鲁斯的牧师马克·斯蒂布（Mark Stibbe）面对这一情况也非常困惑，他让德鲁负责开发新战略。德鲁回忆说："有一周在教会，当马克在给会众讲话时，我就坐在他旁边。'我想催促你们所有人在两周内都到达现场，参加一个非常重要的会议。德鲁将给大家讲解我们教会的新规划'。"德鲁感到非常震惊，起码可以这样说，这是他第一次听到自己的新任务。德鲁说:"我陷入了困境,不知从何处下手。"

德鲁坚信,圣安德鲁斯教会真正的使命是为教会外的人和非会众带来希望。他开始构思如何建设一个"走出去"的教会,一个鼓励教友精神成长并在社区扩大影响的教会。

正在他为这一调整苦苦思索的时候,他又惊讶地意识到一个问题。当时,圣安德鲁斯教会有一些小组(一般每组三四个教徒,他们在平日聚会、聊天和祷告),以及非常庞大的群体(全体会众)。教会没有中等规模的小组,相当于一个大家庭的规模,由3~50人组成。这看上去很奇怪,因为早期的基督教会社区规模就是这么大。

随着时间的推移,德鲁拼命地(他的原话)寻找能够给他指引正确方向的案例研究,最终他在英格兰的谢菲尔德找到了一个案例。在那里,圣托马斯·克鲁克斯有一位牧师名叫迈克·布林(Mike Breen),他一直在尝试开展中等规模小组的活动。偶然间发现这种样板项目,让德鲁倍感欣慰。他驱车前往谢菲尔德,与迈克就他的新模式交流了几个小时。在临近结束的时候,德鲁感到尽管他可能尚未发现"圣杯",但是找对了路。

德鲁认为,以中等规模小组的方式,或者用他后来所说的"基于使命的社区"(mission-shaped communities, MSC)的方式管理圣安德鲁斯教会,有几大好处。

第一,中等规模的小组比小型的小组更加开放,更吸引人。小型的小组容易拉帮结派。如果德鲁想帮助一位新成员与小组建立联系,他得到的答复往往是小组已经满员了,或者被问到新人是不是过于贫穷。中等规模的小组可以让新人显得不那么突出,又小到不至于让其感到迷茫。

第二,在中等规模的小组中,组员会有更多的空间去展示他们的领导力。三四人的小组太小,不足以解决重大的项目,也不会给极具天赋但缺乏经验的领导增加多大的影响力。此外，很少有新成员做大型活动的志愿者，因为那些活动需要教会人员全体参与，而他们一般来说也不太会发挥会众的才能。

第三，德鲁希望"基于使命的社区"能够通过为会员创造联结彼此的机会，来强化教会的社会结构。

某年11月的一个冷风呼啸的晚上，德鲁站在满满一屋子人的面前，讲述他的想法。那些希望听到宏伟战略的人们失望了。德鲁带领大家回顾了早期的教会，在公元纪年后的几百年中，教会都是以小规模地方社区的形式进行管理的。德鲁表示，那些早期的信徒在他们能找到的最大的房子里聚会，随着人数的增加，空间越来越不够，他们就细分成新的社区。

德鲁承认，他暂时没有将他的想法付诸实践的详细计划，但是他让大家想一想，如果让大家加入更亲密、更有热情的社区中，会产生什么变化。他问了大家几个挑战性的问题：你们的热情是什么？你们的心在哪里？你们想发起或者帮助扩大哪些服务导向的项目？最后德鲁宣布，一个月以后将召开一次推进会，邀请所有愿意参与创建基于使命的社区的人士参加。

德鲁发自内心地希望，能够有12位负责人响应他的号召。他认为12是他创新所需的人数。到了12月6日，正好有12个人参加了推进会。

当天，做完了祷告之后，会众们热情地讨论了对儿童、残疾人、学生和老人的帮扶。德鲁鼓励大家互相交流、招募志愿者、制订计划，他对未来的负责人们没有什么指导。当他们问他"我们多久聚会一次"时，他说："我不知道，你们为何不祷告一下？"当他们问他"我们在哪里聚会"时，他给出了同样的回答："祷告便是了。"他一次又一次地将制定新模式的责任推给了教友。

有一点德鲁很清楚，每个小组必须制定一个目标，而不仅仅是聚会。

德鲁每周都与新成立小组的人员碰面，为他们祷告，鼓励他们不断尝试并在失败中不断前进。

首个基于使命的社区小组建立起来了，并于1月份启动。他们召集了居住在乔利伍德沃特福德镇附近的一些成员。大家聚集在一个家庭中，开展头脑风暴讨论制定使命。正在大家冥思苦想之际，他们看到一群孩子在附近的公园里踢足球。家长们站在球场边寒冷的地方，给孩子们加油助威。在场外围观的还有另外一些年纪比球员更小的孩子，他们感到又冷又无聊。有人提议："也许我们可以为那些每周都出来但是几乎没有踢球的孩子们开一家俱乐部。"事实证明，成立俱乐部的想法得到了孩子和家长的热烈欢迎。这一消息经口口相传后，大家建议社区小组在小学附近开一家课后俱乐部。基于使命的社区小组成员坦率地说出了他们的意图，他们对家长们说："我们也会传教，没问题吧？"实际上，所有家长都说没问题。

另外一个社区小组，确定了以帮助那些晚上参加派对喝醉的人安全回家为使命。教友们凌晨以后出门，那些人醉醺醺地从夜总会出来，疲惫不堪。小组成员为那些睡眼惺忪、穿着高跟鞋的年轻女子提供人字拖鞋，还为她们提供咖啡，送她们回家。

还有一个社区小组购买了一辆二手双层巴士，改装成了移动咖啡吧。小组成员将咖啡吧开到贫穷的街区，给青少年、年轻的妈妈和其他人送上一杯卡布奇诺和愉快的氛围。

视频是让社区小组的创意得以传播的重要工具。德鲁在社区小组工作时拍摄视频，周日礼拜时在教会播放，鼓励其他人积极参与或者成立他们自己的社区小组。

除了社区工作以外，他还鼓励社区小组成员每周至少在教会以外的地方聚会一次，一起祷告、制订计划。一般来说，小组会像在教会那样做礼拜：一人在前面主持，其他教友一排排地坐在后面。德鲁提醒大家说："你们不一定要完全按照教会来布置现场，可以按照自己喜欢的方式做礼拜。"

德鲁借鉴了迈克·布林的箴言，即"更少的控制，更多的责任"。

每个小组都有制定其使命的自由，但是小组成员明白，整个教会希望他们做出对他人生活产生明显意义的事情。除此之外，还有几个限制条件。德鲁说："只要不是不道德、违法或者异端的事物，我们鼓励小组尽情发挥。"

起初，他们只是鼓励社区小组将上帝爱的光芒照进社区，没有硬性的传播福音的要求。但是随着时间的推移，许多深受社区小组感动的人开始寻求信仰，加入了圣安德鲁斯教会。

最开始的时候，社区小组项目没有预算。这就降低了项目启动的政治门槛，因为德鲁不必向别人申请经费。

在大多数情况下，社区小组都是自筹资金，尽管它们最终可以使用教会的资金用于租用会议室等日常开支。在这一点上，德鲁每年为 30 个社区小组拨付 3 万英镑的预算。

迈克和德鲁相信，上帝会让圣安德鲁斯教会做出更多的成绩。就在"基于使命的社区"启动之际，德鲁乞求上帝在教堂下埋上炸药，将房梁上最后那些蜘蛛网般的自满炸掉。

炸药来了，却是以全面翻修教会的形式出现的，这使得教会主楼关闭了 9 个月之久。迈克和德鲁没有去找其他地方作为临时教堂，他们告诉教友，如果还想继续一起做礼拜，他们就必须加入社区小组。有些人担心，这样可能会造成约 200 人的流失。但是，在随后的 9 个月里，犹豫不决的教区居民深受社区小组的感染，教会人数从 500 增加到了 1000。

基于使命的社区这种模式让个体有机会展现他们独特的天赋：有人可能会成为优秀的项目管理者；有人可能会善于做宣传资料设计；一位极有耐心

的家长可能会在聚会时监督年轻人；也有人会组织一次会餐。尽管这些角色很灵活，但是有一个固定的原则：当社区小组人员数达到 50 时，就必须进行分组。

也有人担心捐款会减少：如果教友在教会以外的地方集会，社区小组负责人就不会关注捐赠。为此，教会设置了一个项目，会员可以签署委托书，每周从银行账户或者信用卡汇款。

然而，有一个不争的事实：教会这种基于社区的新模式让人们从旁观者变成了参与者。这种模式也成就了许多领导人才。有一位担任社区小组负责人的重度失聪妇女，这样描述她的职责：

> 坦率地讲，过去八个月担任社区小组负责人，对我来说是除了为人母以外最艰难、最具挑战性的经历。在管理社区小组的过程中，我从自己身上发现了许多东西，有些是我了解的，有些是新的感悟。我不是一位出色的管理者，也不是个传教士。我觉得我不是祈祷的领头人，也不是管理孩子的高手，但是在某些时候我必须做所有这些。我发现自己能够马马虎虎地带头做祷告，简单地做杯咖啡，在孩子们面前做即兴演讲，在需要的时候传道，并且能够做艰难的决策。

当教堂重新开放的时候，迈克和德鲁发现教堂已经无法容纳下所有的教友，但这没有预想的情况那么糟糕。许多社区小组成员都希望翻新工作能够一直持续下去，因为他们很享受"做有意义的事情"的经历，而不是"被钉在座椅上"。大多数社区小组成员每月都会集会两次做礼拜，其他时间去推动他们小组的使命。小组负责人问德鲁："我们必须回到教堂吗？"他回答道："做一做祷告，你们可以做你们感觉上帝引领去做的任何事情。"但是，每月第四个周日的"庆祝活动"，他们每个人都会按时出席。为了让所有教友都能在教堂参加礼拜,他们在白天安排了四个不同的场次。

圣安德鲁斯教会分解为小组的举措为教友提供了更多的领导和服务机会,但是有人害怕这会破坏教会的整体性。当小组成员内部关系越来越密切之后,也的确存在一个风险——他们对社区小组的认同会减弱。德鲁想做的是分解,而不是分裂。

为此,他办了一个周刊,帮助教友之间增进了解。他还定期组织社区小组负责人召开会议,明确各项工作的轻重缓急,识别新的机会。随着时间的推移,许多社区小组都建设了自己的网站,这也变成了教友之间互通有无的一种机制。

其他的沟通方式包括:所有社区小组在每周祈祷讨论时使用的教学指导手册,所有社区小组负责人和成员的培训必修课等。为了发挥关键作用,德鲁投入大量的时间,加强社区小组负责人和热心服务的社区居民之间的沟通。

当然,也出现过小问题。有时候社区小组负责人会坚持做一些成效不太高的项目,也会与附近的牧师产生一些摩擦——英国国教会按照地域划分为不同的教区,附近的牧师一旦发现圣安德鲁斯教会的小组超越其范围开展工作,便会表示反对。事后,迈克和德鲁承认他们应做更多的工作,预见到这些反对意见,并处理好与这些牧师之间的关系。然而,见证了其7年的成长和发展,圣安德鲁斯教会几乎没有人反对这一试验。

正如德鲁所说:"这是一种完全不同的教会管理模式。我们不是先由教会确定项目。在这里,权力不是自上而下的,不是由中心进行控制的。"但是实践证明,这种模式非常有效。以一个月为例,社区小组共计组织了106次活动。

在德鲁2009年离开圣安德鲁斯教会时,其教友已经发展到了1600多人，他们中的大多数在为社区小组服务。德鲁在与我交流他在圣安德鲁斯教会的经历时，回想起了他在那里第一次做平安夜礼拜的情景。

我们连续组织圣诞颂歌，乐队非常出色，演讲者也极具天赋。在两次圣诞颂歌中，我们邀请教友上台祷告，但是大家都坐在那里，没有人上台。我想恐怕当时的教会都是这样的。那是一次典型的"吸引人"的祷告仪式。我们汇聚了方圆40英里的所有教会，但都是人员的转移罢了，人数没有实际增加。我想，我们最好应该将教友分散开来，让他们到各处去唱颂歌。我清楚地意识到，这种模式是无效的。

德鲁继续说：

在建立基于使命的社区小组之前，我们花了周日整整一天的时间介绍儿童项目，目的在于得到更多的志愿者。在礼拜结束之前，虽然教友们听得热泪盈眶，但是没有人响应。这太令人沮丧了。所以，当着手基于使命的社区项目时，我们必须采取实际行动。突然间，我们意识到了自己的天赋和有待开发的才能。在追求卓越的文化中，人们总是觉得自己不够好。一旦加入社区小组，他们能够找到可以合作的伙伴，其他非专业人士会说："来吧！我们能做到。"这下你有支持你的朋友了！

这一自下而上变革的尝试给我们带来了许多启示，但是我重点说两点。第一，如果你是上级任命的领导，你想将羊变成牧羊人，就必须脱掉领导者的外衣，告诉大家："我们还没有计划，你的计划是什么？"这听上去很谦卑，但是调动组织中潜在才能的唯一方法。

第二，你必须让大家自己寻找符合他们兴趣的工作。这是建设充满热情的社区的关键。如果你强迫人们去做事，他们只能做成你要的样子，而不会做出勇敢的举动和惊人的贡献。如果想得到出乎意料的结果，你就应当赋予他们这样做的自由。

现在，你能够用这种方法经营一家航空公司或者一个半导体生产线吗？我不知道，但是我敢保证你可以用这种方法来管理组织中的任何部门。有一点我确信无疑：如果想充分调动组织中的人才，你需要每天问自己："我怎么做才能让大家感觉组织更像一个社区，而不是一个等级森严的官僚机构？"好在不一定非得成为坎特伯雷大主教⊖（Archbishop of Canterbury）才能行动起来。

反转控制权

在大多数组织中，一线员工的决策自由有着严格的限制条件——销售代表、呼叫中心职员、办公室管理者、装配线上的工人等需要严格按照制度和流程执行。我觉得这是个问题，因为如果你不先扩大员工的自主权，就无法释放他们的潜能。要创造一个具备适应能力、创新能力的组织，需要让员工享受挑战程序的权利，让他们"浪费"时间，走出去，做试验，去冒险，听从他们内心的热情。

有趣的是，民主和市场这两个人类最具适应性的社会体制，为人提供了发挥自由的最大空间。在民主体制下，要发起一项政治运动，你不需要征得任何人的许可，或者改变自己的政党归属；在开放的市场体制下，个体可以在认为合适的情况下自由地买卖和投资。

很显然，政策和规定很重要——没有它们，组织就无法生存。但是，

⊖ 又称为坎特伯雷圣座，为全英格兰的首席主教，首任主教是圣奥斯汀·坎特伯雷。坎特伯雷大主教是全英国教会的主教长，也是全世界圣公会的主教长、普世圣公宗精神领袖，主持自1867年起的每10年一次的全世界圣公会主教会议。——译者注

大多数组织都管理过度了，因为控制就像棘轮[○]。组织鼓励管理者制定而不是废除规章制度。规章制度越多，意味着其控制的东西更多，也意味着其工作更有保障，拥有更多的权力。随着时间的推移，规章制度不断累积、层层叠叠，这也是为何创办时间长的组织比时间短的组织更加老朽。如果你想知道你所在的组织是不是这样的，可以做一次简单的调查，问一问一线员工，他们是否感到现在的自己比5年前明显拥有更大的自主权。除非你最终真的成就非凡，否则你的答案可能是"否"。

那么试想一下，一家即将度过150周年、非常受人尊敬的组织会如何做？例如新西兰银行（Bank of New Zealand），该银行是澳大利亚国民银行（National Australia Bank）的分支机构，拥有148年的历史，但奇怪的是，它也是一个授权的经典案例。

一个临时的试验

起初，事情很简单。2007年6月，新西兰银行零售部的总经理克里斯·贝利斯（Chris Bayliss）到访该行位于克赖斯特彻奇[○]的城市中心店。（按照新西兰银行零售导向的文化，银行的分行被称为"店"。）时间刚过上午9点，银行尚未开门，但是许多客户已经在便道上排起了长队。大部分时间，新西兰银行的分店都是9点开始营业的，但是那天是周二。每个周二、周三因为安排了员工培训，它们9:30才开门营业，所以客户排成了长龙。新西兰银行由总行规定营业时间，从南部城市因弗卡吉尔到北部小镇凯塔亚，所有180家店执行统一的营业时间。

○ 一种外缘或内缘上具有刚性齿形表面或摩擦表面的齿轮，是组成棘轮机构的重要构件。由棘爪推动做步进运动，这种啮合运动的特点是棘轮只能向一个方向旋转，而不能倒转。——译者注
○ 被华人称为基督城，是新西兰第三大城市，仅次于奥克兰和惠灵顿。它是新西兰的"花园之城"，也是新西兰南岛最大的城市。——译者注

焦急的客户排成的队伍越来越长,克里斯问店长苏·伊登(Sue Eden):"如果这家店是你个人的,你会早点开门营业,另找个时间组织员工培训吗?"苏回答说:"当然会。"克里斯皱着眉头说:"那么,你看看门外。"这家店的店长渴望为客户提供服务,但是被银行的政策束缚了手脚。克里斯说:"这样吧,你们自己决定营业时间,但是别指望我因为增加人力而给你们追加人力成本。"店长很快同意了,当克里斯离开那家店的时候,他还没有意识到他已经为员工获得自由开启了一场小小的革命。

几天之内,这个新的营业政策在新西兰银行的分店之间传开了。很快,克里斯就收到全新西兰范围内所有分店的请求,希望同样享有克赖斯特彻奇店的自主权。他源源不断地收到电子邮件,克里斯向他的同事——营销总经理布莱尔·弗农(Blair Vernon)寻求帮助。在新西兰银行,营业时间被视为关乎"品牌和客户体验的事",这属于布莱尔的职责范围。布莱尔从青少年时代起,就喜欢麦当劳的汉堡,而麦当劳让各家分店自行决定营业时间。因此他确信,既然麦当劳适用,新西兰银行也应该没问题。布莱尔同意那些提出申请的分店自行设定其营业时间。

在奥克兰教区的塔卡普纳,新西兰银行是第一家在周日上午营业的银行。这使得它能够服务成千上万涌入当地农贸市场的客户。在新西兰南岛的滑雪小镇,分店常常会营业至深夜,以便那些白天滑雪的人能够在晚上办理银行业务。在市中心,许多分店店长选择与零售店一致的营业时间,而不是遵照总行的营业时间。在半年内,新西兰银行180家分店中,接近95%的分店都在一定程度上调整了营业时间。

切莫过快

银行分店店长快速响应,积极利用他们获得的自主权,但是总部有许多人担心失去控制。克里斯和布莱尔很快发现，总部员工认为营业政策的调整即使不算过于草率，也显得有些匆忙。一般而言，类似这种调整需要经过详细的风险评估，且每个职能部门都要参与。克里斯和布莱尔极力为他们匆忙所做的决定进行辩解：虽然他们跳过了常规的决策程序，但只是被一线管理者希望灵活处理的愿望所影响，有些不知所措。

银行的人力资源部门担心，银行工会可能会因此引发骚乱，对因工作日延长工作时间或者要求员工周末上班等提出反对意见。也有人担心，店长可能会选择压缩营业时间——这种做法可能会影响客户满意度。新西兰银行的风险管理专家也有他们的考虑：银行分店的营业时间有详细的规定，现金运钞车之间的流转规定了精确的时间。基于此，分店店长怎么能够有权力"自行决定"何时开门营业呢？信息技术也是另外一个关键点。在一般情况下，银行信息技术部的人员会在营业结束后安排重要的维修工作，如果分店的营业时间被调整得很奇怪，信息系统瘫痪了怎么办？

此外，反对的还有营销部门。资深员工为了保护企业品牌，担心各分店的营业时间五花八门，会影响企业在一致性和可靠性上长期建立的声誉。那些批准通过新营业时间的文件签名怎么办呢？墨迹好像还没有干透。

尽管许多反对意见更多地具有政治色彩，而没有实际意义，但有些非常有道理，可以促使政策做出调整。银行开发出了一个软件模板，店长可以据此打印标识牌，展示各家分店的营业时间。银行提醒各店店长遵守总行的安全规定，不能做出任何危及员工安全的事情。此外，银行鼓励店长在做任何人员排班调整时，都要征求员工的意见——要调整营业时间，需要征得全体员工的同意。这一声明有助于缓和新西兰银行工会的反对态度——如果新的工作时间是由全体员工共同确定的，而不是由领导强压下来的，工会又怎么能够反对？

布莱尔说："大家总结的经验是，如果你把别人当作成年人对待，他们就会像成年人一样做事。"有些人担心的世界末日从来没有出现。

海滩上的一天

店长们都明白，新政策是一次临时应变的结果，而非一个公司层面推动的任务。实际上，克里斯和布莱尔经常充满热情地讲述自下而上的创新模式，这与新政策一同鼓舞着店长们主动对其他新奇的创意进行实践。

最好笑的是一家"拖车银行"。布莱尔解释说："这家银行像一辆冰淇淋车。车子被缩小了，所以可以拖在其他车的后面。"这个想法持续改进了几个月，当元旦那天"拖车银行"被拖到海滩时，引起了小小的轰动。分店的店员身着新西兰银行的T恤，在海滩上开始吹气球，很快孩子们围成了一圈，家长们排起了队。当人群聚集起来后，店员们开始烧烤，给众人分发香肠，并分发介绍新西兰银行最新产品的宣传资料。

虽然人力资源部有人担心客户会认为，银行让员工在新年假期当天工作，或者加工香肠违反了健康安全的有关规定，但克里斯和布莱尔非常乐观。他们认为"拖车银行"树立了一个很好的榜样，告诉员工当他们享有试验的自由时，他们可以怎么做。克里斯说："如果我要求他们这么去做，这件事绝对不会发生。但是，这是他们自己的创意，他们不用去征求任何人的许可。"

奏效的原因

那么，新西兰银行怎样才能在给予员工自主权的同时，实现有序经营，保持盈利？

激励是因素之一。新西兰银行的分店一般有4~7人，包括：一位店长、几位出纳、几位客服人员或者"咨询顾问"。如果完成了业绩目标，店长除了工资以外还能拿到奖金，奖金通常是基本工资的10%。此外，店长还能拿到10%的利润分红。咨询顾问的奖金根据产品的销售额核定，包括信用卡、人寿保险等。店员同时还有团队奖励方案，奖金由销售业绩和客户满意度得分核算。

为了维护灵活调整营业时间的行动，克里斯常常说："最让人沮丧的是城里一片寂静的时候银行还在营业，或者人头攒动的时候却已经关门了。"由此，我们总结出一条经验。各个公司常常为了培养员工对客户服务的热情煞费苦心，然后制定了僵化的制度，以防员工以创新的方式满足客户的需求。这样一来，员工的热情就化作了愤怒。如果员工失去了达成正确成果的积极性，高管可以也应当关心一下员工的工作方式。

新西兰银行去中心化的控制体系还有第二个部分——大量的数据。布莱尔说："如果你授权给员工，但又不提供相应的信息，他们只能在黑暗中摸索。"为此，2004年该银行启动了一项举措，让每家店的员工都能清晰地看到银行的财务状况。每日的损益表上详细记录了每家店的成本、收入和利润等数据，并且按照产品和服务进行了细分。

上面所述也并无特别之处，不过大多数银行的分行管理者看不到损益表。他们只能看到综合财务数据，只能对分行的盈利状况有大致的了解，更难以了解其他分行详细的财务表现。这些绩效评估方法让总部的高管可以任意调整激励结构，并且劝告高绩效的分行做得更高，但是这也让一线员工难以判断他们的决策对银行利润真正的影响有多少。

与之相反，新西兰银行为分店店长提供了分行利润率的准确情况，店长甚至能够了解银行基金的批发价格。因为可以得到充足的信息，店长就能够在许多问题上自主决策，并对结果负责。比如，店长可以为新客户的贷款打折，但是他必须谨慎考虑，因为贷款会一直记在分行的账簿上，直到还清为止。

布莱尔说："这简直太不可思议了！如果总部不再干涉，而只需为大家提供绩效结果的准确数据，他们很快就能自行做出正确的决策。"

在新西兰银行，分店的店长有激励措施、数据和相当于小企业主享有的自主权。因此，他们大多数人认为自己不是混日子的，而是在企业中发挥真正作用的领导者，他们会把分店当作自己的企业一样去经营。

布莱尔用一个生动的故事对新西兰银行发生的改变进行了总结："一个周日上午，我带着孩子们经过一家分店门口，儿子问我，'爸爸，银行的门是开着的？'我想，糟糕，有人忘记关门了。但是，当我向店里看的时候，发现工作人员都在上班。没有谁强迫大家周日加班，为了调换休息时间，工作人员是从其他分行临时调过来的。一位妈妈选择周日上班是因为她想周三休息。"克里斯补充说道："自行确定营业时间的自由可能并不是我们所做的最大的事，却是最具代表意义的，它告诉大家，'我们信任你，我们切实做到了授权'。"

以上这些都没有航天科技那么高深，但是就其本身而言，单单一个政策的"挑战"不会改变企业的命运。然而，这个案例依然非常生动。它说明，在一个控制型企业文化中，一个看似不起眼的齿轮获得自由后，控制的棘轮机构是可以改变的。克里斯说："现在，这匹授权的马已经走出了马厩。"

抽出片刻时间，问问你自己：在你的公司里，有多少政策是为了保留高管控制一切的幻想而存在的？有多少强调标准化的规定牺牲了员工的主动性和工作热情，却产生了微不足道的绩效成果？你最好将这些问题张贴在公司内部的公告栏中，邀请你的同事们加入反转控制权的行列。

改变对 Facebook 一代的管理方式

同发明电灯、电话和汽车的人一样,现代管理的创始人也诞生于 19 世纪。那些早已故去的先驱,如詹姆斯·穆尼㊀(James Mooney)、阿尔弗雷德·斯隆㊁(Alfred Sloan)、唐纳德·布朗㊂(Donald Brown)要是知道他们的发明(包括工作流程优化、差异分析、资本预算、职能专业化、事业部制和项目管理等)至今依然是 21 世纪管理体系的基石,也会感到惊讶。

如果要现代人去理解,在美国工业革命初期,这些革命性的突破对组织的经济寿命产生了多么深刻的影响,是非常困难的。1890 年,90% 的白人男性为自己工作,那些为他人工作的人被蔑视为"工资奴隶"。当时,制造企业的平均人员数只有 4 人,拥有超过 100 名工人的工厂寥寥无几。然而,在二三十年中,福特汽车公司每年能够生产 50 万辆汽车,西尔斯公司经营的分销系统能够遍布美洲,美国钢铁行业的市场价值能够达到 5 亿美元。

从农业和手工业社会向工业社会的转变,需要劳动力市场划时代的再社会化过程。难以控制、思想独立的农民、手工业者和临时劳工必须转化为遵守规则、努力工作的员工。100 年以来,这个过程在持续进行,全世界的组织都在努力用服从制度、一致性和纪律等要素来约束充满怨念和思想自由的人。

但是现在,自 20 世纪以来,我们第一次面临着另一场管理革命。这场革命有可能与工业革命一样令人不安。可能有三种力量在推动这场变革,

---

㊀ 美国高级管理人员和管理学家,管理过程理论的重要代表人物之一。——译者注
㊁ 第一位成功的职业经理人,20 世纪最伟大的 CEO,通用汽车公司的第 8 任总裁,事业部制组织结构的首创人。——译者注
㊂ 杜邦公司财务主管,发明了杜邦分析系统,将投资回报率发展成评价部门业绩的指标。——译者注

终结现有的管理方式。

第一种力量是一系列翻天覆地的变化，它们使得商业环境越来越不宽容。世界各地的企业都在努力应对普遍加速的变革：拥有超低成本的竞争对手让企业应接不暇，知识商品化，客户权力快速增加，社会需求持续增长。传统的管理模式强调优化，对创新重视不足；重视持续性，对变革关注不够。这些都使企业无法应对空前的挑战。

第二种力量是新的基于网络产生的协同工具。自古以来，人类首次出现了通过互联网、分销网络等管理自身的新方法。终究，这种工具能够替代正式的等级制度。

第三种力量是符合新期待的混聚⊖，Facebook 一代的人将在未来几年实际应用它。如果你是成长于互联网时代的第一代人，你便不会认为互联网是"外在"的东西——预订酒店、买书或者找回昔日的爱好等的工具。

你永远要置身其中，就像水之于鱼，无处不在又无色无味。作为数字化的子民，网络就是你人生的操作系统，是你学习、娱乐、分享和沟通必不可少又再平常不过的工具。

在网络环境下长大的经历，将会对 Facebook 一代形成对工作场所的期望产生深刻的影响。最起码，他们会希望职场的社会环境能够体现网络的社会环境，而不是依然保留着 20 世纪中叶的官僚作风。

了解了这一点，我整理了社交网络与工作相关的 12 大特征。这些都是后官僚时代的现实，未来的员工会以它们为准绳，衡量公司正处于网络时代还是已经过时了。在整理这份清单的时候，我没有试图将网络社会环境中的每一种显著特征都囊括进来，只列出了那些与传统管理实践存在冲突

⊖ 混聚（mash-up）是一种基于 web services、资源元数据规范等技术的网络应用开发技术，可以将不同站点或应用程序的数据、资源、API 加以混聚来构建新的业务流程、满足新的用户需求。——译者注

的特征。这些传统管理实践特征是大多数企业呈现出来的。

1. 所有的创意公平竞争

在网络上,每个创意都有机会被关注,没人有权力扼杀一个颠覆性的创意或者压制一场令人尴尬的争论。创意是否吸引人基于人们对其价值的感知,而不是创意提出者的政治权力。通过将"声音份额"和"权力份额"相分离,网络影响着精英阶层的话语权或者其决定议事日程的权力。

2. 贡献比学历更重要

如果你在 YouTube 上发布一条视频,没有人会问你是否上过影视学校。如果你发一条微博,没有人在意你是否持有新闻专业的学位。职位、头衔和学历——在网络世界里,这些区分人们地位的常见指标没有太大意义。在网络上,你个人的履历不重要,重要的是你能贡献什么。

3. 等级是自下而上建立起来的

在任何一个网络论坛上,总有一些人比其他人得到更多的尊重和关注,也相应地拥有更大的影响力。关键问题是,这些人并非由某些上级指定担任"领导"。恰恰相反,他们的影响力反映了"同僚"自发给予的认可。在网络上,权力是自下而上形成的,而非传统的自上而下。

4. 领导服务他人而非指挥他人

在网络上,每位领导者都是公仆型领导,没人有权指挥或者处罚别人。可信的论据、看得到的专业性和无私的行为是做事的不二法门。如果忘掉了这些,追随者很快就会弃你而去。

5. 选择工作任务，而不是接受任务分配

互联网是一种选择加入式的经济模式。无论是写博客、参与公开的项目，还是在论坛上发表意见，人们都会选择自己感兴趣的事情。每个人都独立承担工作，自己解决问题。

6. 群组自我定义、自我管理

在网络上，你必须选择你的"同类"。在每个在线社区里，你能够自由地与任何人建立联系，而忽略其他人；你可以与某些人深入分享，而不理会其他人。没有人会给你分配一项乏味的工作，也没有人强迫你与"笨队友"共事。

7. 吸引而非分配资源

在大型组织中，资源是从上而下地以政治博弈和预算争执的形式进行分配的。在网络上，人们都会追随吸引人、有趣的创意与项目，远离那些不吸引人、无趣的创意和项目。从这一点看，网络是一种市场经济，无数人无时无刻地要决定如何利用他们宝贵的时间和精力。

8. 权力源于分享，而非私藏

网络也是一种互利互惠的经济。要获得影响力和地位，你必须提供你的专业知识和内容，而且你必须快速提供，否则别人会抢先一步，获得本应属于你的功劳。网络上有许多鼓励分享的机制，但是很少有鼓励私藏的机制。

9. 平庸之人被暴露

在线打分体系无处不在，包括酒店、书店、地方企业、各种各样的产品等。虽然不能说每种评价都有价值，但综合起来看就一定能够判断出哪些优秀、哪些糟糕。在传统的组织中，员工不用对任何事情都评分。结果，人们常常会发现"中庸的阴谋"——"如果你不质疑我的决定或者有效性，我也不会质疑你的。"在网络上就不存在这样的伎俩。如果你提供的信息不充分，总会被人发现。网络为不满的客户提供了一个全球范围内发表意见的平台，然而，很少有企业愿意为员工提供一个内部平台，让他们去挑战高管的决策和企业的政策。

10. 持不同意见者可以联合起来

在一个等级组织（或者政治体系）中，敢于发声需要足够的勇气。当沟通渠道呈纵向而不是横向时，你很难了解周围的人是否与你一样持有反对意见。个人一旦感到被孤立或者无助时，便不可能进行反抗。与之相反，网络让大家很容易找到与自己一样持有不同意见的人。在自上而下的组织中，持不同意见的人会被边缘化，但是在网络这个密切联系的"思想体制"下，他们可以迅速建立起"思想同盟"。

11. 用户可以否定大多数政策

许多互联网大亨难过地了解到，在线用户容易偏执并制造很大的"声音"，他们很容易对与其群体利益相左的决策或者政策调整快速予以攻击。只有在重要的决策上给予用户充分的话语权，才可能保证用户的忠诚度。是谁建立的在线社区并不重要，真正拥有它的是用户。因此，从实践层面看，政策要大家集体来制定。

12. 内在奖励最为重要

网络能够考验内在奖励的成效。想一想，维基百科上的所有文章，每一篇都是开放源代码完成的，所有建议都是自由提出的；Flickr 上的所有照片都是用户自行上传的。如果将用户自愿投入的时间累积起来，就能够明显看出，当人有机会就自己关心的事情做出贡献时，他们是非常愿意慷慨付出的。金钱回报固然重要，但是他人的认可和成就感也很重要。

上述所有基于网络生活的特征已经融入了 Facebook 一代的 DNA 之中，而大多数《财富》500 强企业都没有这样的特征。

如果你的组织希望吸引最有创造力、最有活力的 Facebook 一代，就需要了解这些互联网驱动的需求，同时对管理实践进行创新。当然，对人才而言，如今是一个买方市场，但是不会一直如此。未来，任何缺乏 Facebook 一代员工的主要核心企业都会面临困境。

克莱·舍基（Clay Shirkey）曾描述网络如何控制人的"认知盈余"，非常有说服力。他认为认知盈余指我们在"消极"的业余时间中没有利用的思考时间。事实证明，互联网还提供了一个出口，让人们宣泄被压抑的热情。一个恰当的例子就是可汗学院⊖（Kahn Academy），该网站是一个涵盖 2400 多个短视频课程的在线知识宝库。网站的创办人是萨尔曼·可汗（Salman Kahn），他先后毕业于麻省理工学院和哈佛大学。当初萨尔曼·可汗在给表弟辅导数学时，录下了自己用电子黑板讲课的过程，并由此获得了建立一个"课程辅导超市"的灵感。可汗想，为何不能将这些视频给全世界的人分享呢？为什么不呢？在创办网站 3 年后，可汗学院每天在 YouTube 上发布

⊖ 由孟加拉裔美国人萨尔曼·可汗创立的一家教育性非营利组织，旨在利用网络视频进行免费授课，现有数学、历史、金融、物理、化学、生物、天文等科目的内容。该组织的使命是加快学生的学习速度。——译者注

的视频超过 35 000 个。如果早 10 年出生的话，即使可汗的教学热情会一样强烈，但是他不可能找到全世界的学生。如果没有这些学生观看的话，他也不会得到灵感创建一个"网上辅导中心"。

我们人人都想找到自己的激情所在并追随它。对于 Facebook 一代更是如此，对你也很可能一样。尽管网络还存在缺陷，但是我们依然对它着迷，因为它是一个激情放大器。我们可以按照自己的兴趣来塑造它，在其广袤的疆域中寻找灵感，也可以用它来招募合作者。

网络能够整合我们的激情，因为在网上：

- 没有人能扼杀一个好的创意。

- 人人都能参与。

- 人人都能领导。

- 没有人能发号施令。

- 你能自己选择目标。

- 你能够很容易地站在别人的肩膀上做出成就。

- 你不需要忍受霸凌和暴君。

- 持不同意见者不会被边缘化。

- 卓越者通常会胜出（平庸者无法胜出）。

- 扼杀他人激情的政策会被颠覆。

- 突出的贡献会受到认可和赞扬。

现在问问你自己，你的组织符合以上哪些方面？我保证，肯定做得还不够。在下一章中，你就能知道如何做出改变。

如果生活在1890年，你很难想象有福特汽车公司这么大规模、这么高效率的组织。今天，我们同样难以想象一个世界级的组织，能够具备上述网络时代所激发出的所有特征。但是，这是我们21世纪管理创新者应当面对的挑战——因为只有这样，我们才能创造出激发人类激情而不是扼杀它们的组织。现在，激情比以往任何时候都重要。

第 5 章

管 理 思 想

挑战管理思想

"思想"这个词在你的组织中可能没有得到太多关注。你可以在公司内部网站做一次调查,我敢打赌你找不到任何一条解释。这就是问题所在。作为管理者,正是我们的思想信条使得我们制度的适应性不够高、不够创新、不够鼓舞人心、不够崇高。传统的管理思想限制了我们。

人类历史就是一部思想交锋的编年史:多神论与一神论、唯物主义与唯心主义、重商主义与自由贸易、集权主义和民主主义、集体主义与个人主义。有时候,一种思想能够战胜其他思想是因为它能够产生良好的社会效益。比如,大多数经济学家认为自由贸易比自给自足更有利于市场繁荣,这种观点有大量的实证研究数据支持。还存在一些争论尚无定论,要么因为过于抽象(不可能证明一个假设的效力与另一个的比值),要么因为两种思想互为补充,而不是完全互相对立。比如,在基督教思想中,宽容和公正既互相对立又互为补充,这两种思想都无法独立存在。没有宽容的公正就是报复,失去公正的宽容则是放任。我想我们每个人都希望在我们生活的社会中，不同的思想相互竞争。查尔斯·西米恩（Charles Simeon）是 19 世纪英国伦敦国王学院（King's College）的牧师和研究员，谈到宽容和公正，他的观点很好。他说："真理既不在坐标的中间，也不在某一端，而是同时位于坐标的两端。"[1]

我们很难想象两种截然相反的思想如何取得平衡。但是，我们本能地知道，在两者之间采取折中策略是不行的，比如在每种情况下都各取一点宽容和公正。有时候，我们需要做到完全公正，例如对虐待儿童的罪犯延长刑期。有时候，我们需要多一些宽容，例如一位准爸爸开车超速是为了将即将临盆的妻子及时送往医院。在第一种情况下，我们不希望法官过于仁慈，哪怕施虐者本人也曾遭受过虐待——孩子的安全高于一切。同样，如果警察抓住了一个超速驾驶的人，发现有孕妇即将生产，我们则希望警察能够考虑到情况特殊，护送他们前往医院，而不是开具一张罚单以示警告。

在互相对立的思想之间调和并不是要妥协，而是要根据具体情形和时间做出正确的选择。要做到这样需要四个条件：第一，终极的目标感（从法理的角度看，社会要尽可能公平）；第二，了解情境（在做出关键决策的时候需要了解现实情况）；第三，足够的判断能力（具备所罗门王那样做决策所需的智力和情感等）；第四，自我激励做出适当的平衡（深入思考个人选择可能带来的后果，这是一个现实原因）。

如果你已为人父母，你可能已经掌握了许多处理矛盾的经验。比如，你每天必须在爱和纪律之间取得平衡。你给了 4 岁大的女儿很多拥抱，但是有时你也必须教训和处罚她。作为父母，你要一直努力寻找平衡。在每种情况下，你要同时考虑眼前和长远。当你满身疲惫地结束一天的工作时，你可能会选择放弃和"熊孩子"斗智斗勇。但是即使这时候，你依然清楚自己的责任：积极培养她的性格。你明白，自己并非时时刻刻都要权衡爱和纪律，但是你要下定决心做长期的平衡。

现在想象一下，有一位家长会的副主席，他不和你们住在一起，对你的孩子也不甚了解。进一步假设，这位副主席每月都会收到许多家长的报告，有时候作为反馈，他也会发出一些禁令，例如"我觉得最近我们脾气发得有点多。下个季度，我们会重点加强纪律管理。我希望每位家长对孩子的处罚都能增加30%"。这样会起多大作用呢？

要将这些为人父母的经验用于管理，我们需要解决三个重要的问题。第一，管理思想是什么？它的核心是什么？第二，与管理思想对立的概念有哪些？是管理学上的"阴"还是"阳"？第三，我们怎样才能创立那些"阴"打败"阳"的组织？组织中如何存在真实的、有意义的对抗，而不是敷衍塞责或者总是意见一边倒？

对于第一个问题，查一下词典就能够使我们理解管理思想的含义。在大多数语言中，"管理"的第一个近义词就是"控制"。管理与控制二者的紧密联系可以说是工业革命的产物。那些在管理上创新的工程师和会计都拥护效率，对他们而言，浪费十分讨厌。所以，他们用多种方式反对浪费，比如人员分工、标准化、工作流程优化、绩效监督，以及以效率为中心的薪酬制度等，这些都是控制的利器。在对抗效率低下的过程中，管理者也是强制执行者，他们的职责就是确保员工遵守规定、差异最低、完成指标、惩罚偷懒者。今天依然如此——员工生产产品、提供服务，管理者则进行控制。

当然，我们可以以广义的视角看待管理。从宏观上讲，管理是一种关于人类成就的技术。管理包括我们为生产产品而调动和组织资源的各种工具和方法。作为地球上的智慧生命，人类具有协调、分配、评价、激励等一系列管理能力，它们设定了我们成就的边界。这使得管理成为人类最重要的"社会技术"之一。但是，在实践中，管理显得更为枯燥——管理的核心就是将工作程序化的一种方法。

如果车库里有一两辆车，家里使用着各种科技成果，或者满柜子的衣服来自世界各地，你应当感谢那些勇敢的人，是他们发明了大量高效的工具以及大批量的生产方式。如果人类的科技进步未能与同样取得惊人突破的管理科学结合起来的话，它们对人类的贡献就没有如此巨大了。在过去的 100 年中，大部分创新主要集中在如何使人像机器一样可靠方面。面对这一挑战，人类需要在控制问题上采取新的系统性的策略。这种策略名叫：官僚体制。

一种社会思想要产生作用，最终必须以某种有形的、组织化的形式呈现出来。对于管理而言，这种形式便是官僚体制。20 世纪初，举世闻名的德国社会学家马克斯·韦伯（Max Weber）用了几年时间在其著作中大肆宣传这种全新组织范式的各种好处。

从纯粹的技术角度看，官僚体制能够取得最高的效率。从这个意义上说，官僚体制是对人进行必要控制最理性的方式。它从精确性、稳定性、纪律的严密性和可靠性而言，都优于其他任何形式。因此，对于组织的领导者和其他相关人士来说，官僚体制使得他们更有把握对各种结果进行计算。[2]

在上面简短的文字中，韦伯说明了管理思想的根本——控制论。100 年后，这依然几乎是人类每个大型组织的哲学基石。

注意一下韦伯所倡导的管理体制的边界：精确、稳定、纪律与可靠。毫无疑问，这些都是好事。但是，在今天大多数的行业中，它们不过是赌注而已。它们是平等竞争的前提条件，但是还算不上真正的优势。如今，我们的组织都面临着新的挑战，包括加速的变革、加剧的竞争、知识的商品化，以及对社会责任的需求不断升级。这些挑战需要的不仅仅是控制。正如我在整本书中表达的观点，我们需要充满激情、富于创新、有韧性的组织。问题在于，官僚体制控制程度越高的组织，其此类组织特性越少。

奇怪的是，人类自身恰恰具备组织所缺乏的许多特征。人的适应能力出奇的高！我的弟弟是位医生，为了晋升为一家医疗集团的首席执行官，他在年过50岁之际重新回到校园，攻读健康管理硕士学位。我有些朋友，为了谋求更好的生活举家漂洋过海，为了个人发展寻找更具挑战性的新工作。他们遭遇不幸时越挫越勇，没有被生活压垮。人是有韧性的，是有创造力的。每天，我都惊叹于互联网上涌现出的创意。人生来就有创造能力，这是不由人所控制的。我们需要的只是合适的工具，以及其他具有创新精神人士的一点鼓励。我们也会对彼此表现出浓厚的兴趣——正因为如此，真人秀电视节目在全世界广受欢迎。我们喜欢在室外咖啡吧中一边品着拿铁咖啡，一边欣赏着形形色色的人。你、我、隔壁房间的人，我们大家都有故事可讲，这些故事对我们有意义、有启发、有激励。那么与我们人类相比，我们的组织为何缺乏适应能力、创新不足、激励不够呢？确切地说，是因为组织被不人道的思想绑架了。

韦伯可谓为官僚体制谱写了一首赞歌，但是他同样关注其剥夺人性的一面。在1909年的一次演讲中，韦伯这样提醒人们官僚体制阴暗的一面：

> 在官僚体制中，每个个体的绩效都被准确地量化了，人人都变成了机器中的一个齿轮，认识到这一点，人们会专注于如何变成一个更大的齿轮……

> 因此，最大的问题不在于如何改进和加速官僚体制的建立，而是如何

与这台机器进行对抗，以便解放一部分人的灵魂。³

韦伯明白，在日常工作中，我们冒着将人类程序化的风险。实际上，这是不可避免的，因为官僚体制的目标就是利用人的因素，将人变成有血有肉的机器。人们要相信，在未来的100年中，我们一定会比早期的管理先驱们更加开明。毕竟，我们不再将下属称为"员工"，而是称为"伙伴"或者"队友"。作为领导者，我们告诫自己一定要注意工作生活平衡、个人成长、多样化、辅导员工、授权、公开透明，以及诸多关注人的问题。然而，事实依然如此：全世界近80%员工的工作敬业度都在降低。他们每天去公司上班，但是将大部分人性落在了家里。

看上去我们在努力使组织变得更加人性化。52年前，时任麻省理工学院教授的道格拉斯·麦格雷戈（Douglas McGregor）出版了他具有里程碑意义的专著《企业的人性面》（*The Human Side of Enterprise*）。如果学过管理理论，你应该能够回想起来"X理论"和"Y理论"的区别。

"X理论"是麦格雷戈管理理论的简称，它声称人天生是懒惰和不守纪律的。这种理论认为员工都爱偷懒，他们只有在主管监督或者有外在激励（比如金钱奖励或者处罚）的情况下才会努力工作。在一个X理论的组织中，控制源于外部，而不是内部。与此相反，Y理论则认为，员工天生就是自我驱动的——他们渴望把工作做好，如果给他们提供机会，他们会非常高兴去做。在这里，激励源于完成工作的成就感，而并非"胡萝卜加大棒"的结果。建设一个高信任度的组织，员工就会以高度的自我控制予以回报。

如今，大多数"积极"的人员管理实践都深深根植于Y理论。然而，可惜的是，尽管这些政策的出发点很好，但是并没有切实用在组织的去官僚化上。如果你的组织的实质依然是X理论，你可能会难以接受，因为你听到了许多Y理论的知识，例如授权、敬业度、参与度、信任度和开放性等。然而现实情况是，我们的组织在理念上是不对称的，控制的观念依然统治着一切。如果你对此表示怀疑，问问自己：比起10年或者20年前，你的组织中由规则驱动的事物减少了吗？一线员工被控制的感觉有所缓解吗？他们的自由是否减少了？那些"小齿轮"变成"大齿轮"的幻想减少了吗？

如果看过了本书第4章中圣安德鲁斯教会的故事，你就会了解自主性和激情成正比。想一想你的人生：你对别人安排给你的某件事还是自己选择去做的某件事更有热情？真正阻碍领导授权的并非偶尔的控制欲，而是根深蒂固的控制架构，它剥夺了员工的自主权。更为糟糕的是，我们认为这种"独裁的架构"理所当然。然而，如果退一步想想，你就会感觉很奇怪。例如，如果一位客户可以独自决定购买价值2.5万美元的汽车，而此人在公司里连买一把新的办公椅都要先得到批准，你不会觉得惊讶吗？

控制欲不仅会伤害员工的工作激情和主动性，也会伤及其适应能力和创新能力。在大多数公司里，战略决策和资源配置都集中在领导手上，这会真正影响公司的适应能力。

在大型组织中，制定战略的责任一旦集中在高层，几位高管就能够阻碍公司的变革，并且他们会经常这么做——他们不会浪费日益贬值的智力资本。想一想微软公司。多年以来，比尔·盖茨（Bill Gates）一直担任公司的"首席软件架构师"。因为他担任这一职务，公司任何重要的新软件项目都得经过他批准。可惜，盖茨只从一个特定的视角看待问题，他以个人电脑为中心，以产品为重点，以微软的传统——行业客户为方向。我认为正是这种战略上的传统与中央集权的交汇，注定了微软在行业范式向互联网、源代码开放和云计算等方向转移时，只能扮演追随者的角色。微软虽然从许多方面看都是一家杰出的公司，但是这能说明它强调的集权管理模式正在不断衰退。

同样,控制导向、自上而下的架构对创造性也是非常有害的。正像我在本书第3章中所表达的,如果由一小部分高管把持着资源分配,创新尤其是破坏性创新是不可能取得成功的。过去的经验告诉我们,他们只会在现有的业务上越来越加大投入(他们能够理解并牵头的项目),这会"饿死"人才和资本所做的新项目。说到在正确的时间和时机配置正确的资源,层级性组织基本上全部会做错。实际上,这恰恰使得风险投资家能够比手上持有丰富资源的高管抢先一步。

我想,如果权力体系是自上而下的,由大领导指定小领导,几位高管就能决定关键事项,高管很少对员工负责,在这样的情况下,组织是不可能具备适应力、创新力的,员工也不可能具备较高的敬业度。简单地说,如果一家组织从理念到架构都只给一小部分人权力而剥夺大部分人权力的话,它就无法适应未来发展的需要。

现在我要详细说明一下。我本人不反对控制本身,组织如果没有强烈的纪律观念,是无法长期生存下去的。但是,我绝对相信大多数组织都被过度控制、错误控制了。过度控制表现为管理者试图控制过多的事情,而且控制得过严。错误控制表现在来自管理者和制度的控制太多,来自同僚和榜样的过少。最终结果就是工作场所的信任度很低,个人不能自主地做出明智而及时的选择。

既然控制的思想存在这么多的局限,我们为何不能提出一个比传统的官僚体制更为有效的管理思想?为什么Y理论依然停留在理论阶段?为什么麦格雷戈故去已经将近50年,管理学教授依然在写关于授权的著作?也许是因为控制的思想抢得了先机,深深根植于管理体系和流程之中;也许是因为官僚体制虽然存在不足,但是非常有效——未知的困难比已知的困难更令人害怕。实际上，大多数管理者没有见过能够替代官僚体制的思想，这种替代思想既能适度控制，又能让人类繁荣进步。我们大多数人都是从遵守既定标准的组织中成长起来的，这些组织设定了不同的管理层级、不同的职务，权责范围也界定得十分清楚。员工向主管汇报工作，主管确定工作的轻重缓急，并对员工绩效进行评价。重大的决策由那些职务高、待遇高的高管来做。大家对晋升机会十分看重，升职竞争十分激烈。组织被认为应该就是这样的。

实际上，正像第一台苹果手机、J.K.罗琳（J.K.Rowling）的魔法世界，或者Lady Gaga的"牛肉时装"一样，有些事物在看到之前是我们无法想象的。但是，这些事物现在的确存在了。（什么？霍格沃茨魔法学校不存在？）这些都是基于想象的，那么，是什么阻止了我们去想象，去彻底根除组织中官僚控制的荆棘，而仅仅是修剪枝叶？到目前为止，对官僚体制的大多数抨击不过是隔靴搔痒，而非关乎生死存亡的。这如同做360度绩效评估时只是友好地拍拍对方的肩膀，而不是冲着其太阳穴来一记左勾拳，将其彻底打倒。

剖析了管理思想之后，我们来看看第二个问题：控制是否存在对手？当然，它的对手就是自由！那些自由地追随个人兴趣、选择效忠对象、做出承诺的人，都能够得到很好的发展。现在，我们比以往任何时候都需要能让人们这样去做的组织。一个组织如果不能做到完全人性化，就无法真正获得能力。当然，其中的诀窍在于实践。我们需要一种根本的、有说服力的思想，它能够解放员工，摧毁自上而下的等级制度，并且能够产生卓越的业务成果。

我们能够找到更明智的方法，有效管理控制和自由之间的紧张关系吗？能！我们能够克服沉醉于控制管理架构的系统性失灵吗？能！在接下来的章节中，我会深入分析两家杰出的企业，它们就是基于自立思想建立起来的。它们是戈尔公司和晨星公司。它们既不是乱哄哄的新公司，也不是古怪的试验品。它们规模庞大，属于流程密集型企业，也是行业的领头羊。在这两家公司中，你既看不到森严的等级、自上而下的权力机构，也看不到奴隶似的员工，你能看到的是"阴"和"阳"、自由和纪律、责任与自治的动态平衡。

向官僚体制发起对抗容易吗？不容易。你无法通过不剥夺少数人权力的方式赋予许多人权力，因为这些少数人可能不喜欢那样。实际上，官僚模式之所以如此让人为难，原因之一在于，它为组织的等级体系提供了一个有力的理论基础。首席执行官、副总裁、部门负责人等人和我们一样，小心翼翼地攥着自己手上的特权。他们宁愿相信，如果没有管理等级就无法进行管理。但是，事实并非如此。

实际上，作为管理者，我们只不过是在边缘地带充当配角；我们只是将层级扁平化了，但却没有消灭层级；我们为授权大唱赞歌，但是并未放弃决策的特权；我们鼓励员工畅所欲言，但是并没有让他们选择自己的领导；我们谴责官僚体制，但是没有推翻它。可是现在，我们终于得这样做了。我们能够从那些与官僚体制斗争过的先进组织身上学到很多，其中一家公司是 HCL 科技集团公司，这是一家总部位于印度的 IT 服务公司，在本章中你会看到有关它的内容。

未来数十年，我们的组织将变得越来越平衡，因为它们必须这样。自由和控制将会无时无刻地在每件事情上进行对抗。如果控制胜出，也不会是因为管理者觉得需要控制，或是滥用职权。控制胜出，是因为在特定的时间、特定的事情上，它应该胜出。就在那个时刻，选择哪条路不是由某个远在别处的"家长式"高管来确定的，他对数据情有独钟，却对实际情况缺乏了解。决策一定是实事求是做出的，决策者一定是掌握了充分的信息，他对组织的目标满怀激情，并且拥有足够的自由做正确的事情。

要让这样的新型组织变为现实，我们需要制订大胆而专注的管理创新计划。在本章最后的部分，我将详细展开论述。

无等级管理

作为一名管理学研究者，我有机会深入了解许多组织，可大多数都一样的枯燥无味。但是，偶然也有例外——了解戈尔公司后，我眼前一亮。戈尔公司广为人知是因为其高性能的戈尔特斯系列面料，该公司的产品有1000余种，9000名员工分布在世界各地。无论戈尔公司在哪里经营，总会被评为"最佳工作场所"之一。

我在为《管理大未来》一书做调研时首次访问了戈尔公司。《快公司》的友人将戈尔公司列为"全球最具创新力的公司"，所以我很想多了解一下。初次访问的经历很奇怪，甚至有点令我不安。我发现戈尔公司的管理实践与我观察到的数千家其他公司的没有一条吻合。这个公司里没有职务、老板，也没有正式的管理等级。

很快我了解到，1958年威尔伯特·L.戈尔（Wilbert L. Gore，昵称为Bill）创办了戈尔公司。他原来是一位化学工程师，一直想创办一家像臭鼬工厂⊖（Skunk Works）那样的研发公司，所以他离开了杜邦公司。公司自成立以来，管理模式比较先进，领先时代50多年。戈尔公司以创新为驱动，

⊖ 臭鼬工厂是洛克希德·马丁公司高级开发项目的官方认可绰号。臭鼬工厂以承接秘密研究计划为主，研制了该公司许多著名的飞行器产品，包括U-2侦察机、SR-71黑鸟式侦察机、F-117夜鹰战斗机、F-35闪电Ⅱ战斗机、F-22猛禽战斗机等。——译者注

具有很强的适应能力，一项指标足以证明：在50多年里，该公司从未出现过亏损。

公司没有执行副总裁、高级副总裁，也没有传统的副总裁，只有一位首席执行官。2005年，泰瑞·凯莉（Terri Kelly）通过竞聘的方式升任首席执行官。1983年，她以优异的成绩毕业于特拉华大学，获得了机械工程专业学士学位，随后加入戈尔公司。在戈尔公司的职业发展过程中，她在一系列不同的工作岗位上都展现出了非凡的领导天赋。

在我加利福尼亚州的办公室中，我与泰瑞进行了会谈。她向我深入介绍了戈尔公司的后官僚管理模式（post-bureaucratic management model）。

加里： 你认为对公司以外的人来说，戈尔公司最为奇怪的管理实践有哪些？

泰瑞： 第一，我们不是以等级的方式来管理的，决策时不必从最高层开始，再逐级传达至基层员工。我们采用的是格子状或者网络状的架构，员工为了办成事，可以直接向公司任何人寻求帮助。

第二，我们尽量避免使用头衔。公司有许多负责人的岗位，头衔的观念会给人带来限制，甚至更糟——让你误以为自己有权力对别人发号施令。

第三，我们的员工是公司的主人，他们对自己想做的工作做出承诺。我们认为，没有发号施令的老板，会更有利于每个人决定自己想做的事情以及在哪些方面做出最大的贡献。但是，身为伙伴，一旦做出承诺，人们就会对你产生期待。所以，这就有了硬币的两面性：一面是决策的自由，另一面是承诺的兑现。

第四，我们的领导拥有权威是因为有追随者。职务晋升不是凭借自上而下的任命程序，不是因为你资格老或者与高管是最好的朋友。我们允许公司里存在各种声音，基于大家追随的意愿，让大家决定谁真正有资格担任领导。

加里：50 年前比尔创办了这家公司。当时公司的愿景是什么？这些重要的管理思想源于哪里？

泰瑞：比尔对新材料行业满怀激情，并且看到了含氟聚合物大有可为。当然，创立戈尔公司的时候，他的商业计划还没有那么完善，但是他的确对领导他人、管理企业有着深刻的信念。激励比尔的是他对企业的理解，他认为企业就要创新。如果我们不能推出创新的产品，我们就无法取得成功。

比尔花费了大量的时间，思考创新过程中人的因素。他受到了道格拉斯·麦格雷戈《企业的人性面》一书的影响。亚伯拉罕·马斯洛对人们在感到不安全时所做反应的看法，对他的影响也很大。这些哲学观点奠定了我们公司价值观的基础。他明白，如果不能使员工投入工作，如果他们认识不到自己的价值，如果他们感到所做的工作不受重视，如果不鼓励他们携手合作、分享自己的知识，我们就无法实现创新。在这一切之上，我们确定了清晰的企业目标，目标并不仅仅是创造快乐的工作环境。

在杜邦公司工作期间，比尔有机会与臭鼬工厂的团队一起合作，这些人做事的方式与其他人迥然不同，这让他十分惊讶。他们一起上班，为了完成工作加班加点，他们彼此熟悉。因此他想，为什么一家公司不能像这样运作呢？

加里：戈尔公司没有正式的管理等级和头衔，怎样才能成为领导呢？

泰瑞：有一位伙伴说过："假如你组织一次会议，结果没有人参加，那你可能就不是领导，因为没有人愿意追随你。"在戈尔公司，测试领导力的方法就这么简单——问一问，别人愿意追随你吗？我们采取平级评价程序来选拔能够成为领导的人。我们的同伴听谁的？他们希望和谁在一个团队中工作？在戈尔公司，领导会自然崭露头角。他们一旦身处领导岗位，就明白自己的责任在于发挥团队的优势，在于成就同事。我们的模式会改变领导的角色。领导运用权力的方式与大多数其他公司截然不同。最终，我们的领导明白他们的"追随力"来自同僚，如果他们不能得到同僚的期望或不符合公司的价值观，他们就会失去领导地位。

加里：在戈尔公司，领导好像是通过支持他人来获得权力的，如果他们不再给他人提供支持，他们的权力就会消失。那么，这种情况如何塑造领导的行为，并推动实现业务成果呢？

泰瑞：这种分散式的领导模式面临的挑战是，要确保避免出现混乱。首先，公司制定了行为规范和要遵守的指南。这些是我们的"介入规则"。每个伙伴都明白这些价值观的重要性，因此一旦领导做出决策，员工就想明白"为什么"。他们明白他们有权提出挑战，他们有权了解为何决策对于公司而言是正确的。领导要承担艰巨的责任去解释决策的合理性，并使决策符合企业文化的情境：为什么这样做是公平的？这样决策与我们的信念和原则是否一致？因此，领导的责任与我们在许多其他公司看到的不尽相同，因为要推动组织进步，我们的领导必须首先做好一件令人难以置信的工作——内部推销。

加里：我们能够理解，将战略决策解释给员工听并被员工接受需要经历一个痛苦的过程，但是这不会延误工作吗？

泰瑞：这个过程令人沮丧，但是我们相信，如果在最开始投入足够的时间，你不仅会得到同伴的大力支持，而且他们能够承诺达成工作成果。在整个过程中，他们还会帮你完善创意、做出更好的决策。没错，这需要时间，但是我们发现，一旦做出了决策，你最好让路予人，因为整个公司都渴望加快速度、立即执行。在许多组织中，领导决策速度很快，但是他不明白为何整个组织都不支持他的决策——一半员工不明白公司的发展方向，另一半员工有意无意地在向相反的方向努力。如果你想一想决策和实施的整个过程，我们的模式速度更快，因为一旦做好决策，整个组织都会成为你坚强的后盾，而不仅仅是只有几位领导支持而已。

加里：在完成决策之后，高管往往为了找到同盟去做推销。对他们而言，结盟是一种沟通，或者说，他们认为通过一套财务激励措施或共享计分卡就能够找到同盟。但是，戈尔公司似乎将寻找结盟视为一种参与。

泰瑞：绝对没错。我们所有的伙伴都是公司的主人，他们感到自己对公司的成果承担着绝对的责任。如果觉得方向错了，或者认为决策有误，他们就会自然而然地说出来，他们明白公司的价值观赋予了他们表达的权利。对领导者而言，有时候这也很麻烦，因为别人不会根据你的工作成果对你进行评估，而是根据你的工作方式。在戈尔公司，最困难的事情就是担任领导，因为大家对你的期望很多。

加里：我们了解到，戈尔公司非常重视培养杰出的领袖，也同样重视打造伟大的团队。你能解释一下这背后是怎么考虑的吗？

泰瑞：有人说企业最重要的决策要由高管来做，我认为这是错误的。在戈尔公司中，影响最大的决策基本都是由小团队完成的。无论在哪个团队中，人们的视角都会不一样，所以观点会各不相同。我们鼓励员工这样去做：团队花时间聚在一起，建立信任，培养友谊。因为我们知道，如果将他们安排在同一个房间里，但是他们之间缺乏信任的话，局面将会一片混乱——充满公司政治氛围，大家会感觉受到了攻击。我们投入了大量的时间打造高效的团队，所以会产生激烈的争执，比如，科研人员不赞同销售助理的观点，或者制造工人不同意产品专家的意见。当每个人都在寻找更好的解决方案时，就会出现争执。但这不是"你赢了，我就输了"的局面。

我们尽量避免将决策权留给高层领导，因为这会破坏我们的目标，我们的目标是调动我们最有知识的同伴进行决策。我们要确保员工明白，他们有权做出决策并对结果负责。

加里： 我能理解在戈尔公司担任领导是一种挑战。在大多数组织中，领导拥有政治权力，有人任命他们担任企业或者职能部门的负责人，下属必须追随他们。此外，他们还拥有处罚权。如果员工不服从领导，他们可能被开除或者降职。但是，在戈尔公司，情况不是这样的。如果是外部空降的领导人员，适应这种模式会有困难吗？他们得努力想办法搞清楚怎样才能做成事吗？

泰瑞： 有时候，我们会从外部引入高管，但是在将他们安排在领导岗位时，我们非常谨慎。因为，即使他们能力突出、经验丰富，但他们也不知道如何适应我们的企业文化，所以直接将他们安排在领导岗位上是非常危险的。一般来说，我们一开始会将他们安排在职能部门，或者能够展示他们能力和专长的其他岗位。我们会帮助他们学习如何以符合我们企业文化的方式进行领导。我们已经有了成功的先例，但是这绝非易事。聘用外部人员，与他们探讨价值观时，他们会说："我是个以人为本的人，我相信团队精神。"但是，当到具体工作环境中被取消职务权力时，他们就屈服了，因为他们没有意识到他们过往的成功很大程度上源于自己的职务、权力以及命令和控制的能力。

在其他公司中，人们往往期望领导是团队中知识最渊博的人，是公司的发言人，充满智慧、无所不知。但是，我们不这么看。如果想调动整个公司，你必须将领导责任下放给同伴们，他们掌握相关的知识。戈尔公司的模式改变了传统领导的角色。领导的职责就是确保企业文化是健康的：企业是以整体的形式在运转吗？团队成员团结一心吗？大家的观点多种多样吗？最好的想法能够脱颖而出吗？领导不是所有行动的中心，不去做每个决定，不是团队中最具战略眼光的人或者最后思考的人。对于这一切，领导本人要都能欣然接受。领导的贡献在于帮助组织发展壮大，实现卓有成效。

加里：新人加入戈尔公司会有什么感受？没有老板，他们怎样开展工作？他们如何了解公司的企业文化？

泰瑞：入职第一天，他们还不知道该做什么，所以我们和每位新员工一起制定他们的起始目标。我们还会给他们安排一位担保人，这是戈尔公司非常特别的角色，但可不是领导角色——担保人对新员工的成功和发展做出承诺。领导当然可以做担保人，但是他需要搞清楚自己不同的身份。如果你是负责一项业务的领导，可能会感觉有些冲突，因为确保得到业务成果才算你成功，可是你看重的一位团队成员会因此离开公司寻求更好的发展。这让人很矛盾，但是作为担保人，你的职责就是帮助员工发挥自己的潜能。

新员工享有多方面的自由，这在他们的上家公司是绝对没有的。与此同时，他们要承担更多的责任，要自我驱动、自我规划。即使有担保人在，他们也要为自己制定职业目标，明确自己在哪方面能够做出最大的贡献。对于许多人而言，这与他们在更为结构化的组织中的体验完全不同。

加里：戈尔公司还有一个独特之处，就是工厂选址的方式。在大多数情况下，你们都避免在人工成本较低的地方建设大型工厂。你们的工厂都集中在一起。当业务达到一定规模的时候，戈尔公司会将其一分为二。这些做法听起来效率都不是很高，其背后的逻辑是什么？

泰瑞：我们有一些做法非常实用。首先是三支柱的模式。我们将不同的职能部门集中在一起，因为在同一个地方进行研发、制造和销售才能更好地创新，三者之间也能互相支撑。这种做法也能帮助我们培养卓有成效的领导者。

其次，如果一家工厂或者一家企业规模过大——超过250人或者300人之后，你会看到截然不同的动力。员工的归属感、决策的参与感、个人能够产生影响的感觉等都会减弱。因此，我们寻找机会将大规模的业务拆分成小的业务。比尔曾经说过,领导最重要的责任是搞清楚如何拆分业务,这样我们才能不断扩大规模。我们寻找机会拆分业务单元,将业务进行复制,从而加速企业的成长。

大型企业往往会通过攫取重要的资源来扼杀小企业。如果你将企业进行拆分,小的业务单位就能得到资源,并且它自己确定工作的轻重缓急。还有一点好处:新的领导之所以能够涌现出来,是因为在企业里领导岗位并非被独占的。现在,我们拥有了两种不同的领导团队。

在当前的经济环境下,还有一点对我们很有帮助,即我们将不同的业务集中在一起。如果某个业务出现下滑,你还能够给员工提供其他工作机会。如果我们的工厂分散在各地,要想转岗的话就非常困难了。因此,我们非常喜欢类似校园的安排,多家小工厂集中分布在半径为25英里的区域内。这样一来,员工就不怕转换到其他业务单位上,就更愿意欣然接受新的机会。这也能降低风险,员工不会再竭力保留对公司而言不再盈利的业务或者产品。

加里: 对于进取心十足的管理者而言,戈尔公司的模式可能有点理想化,甚至有幼稚的感觉。公司里没有等级,员工自行制定工作目标,这听起来像是懒人的天堂——难怪公司连续被评为最佳工作场所。但是,纪律从哪儿来?大多数管理者认为自由和纪律是互相矛盾的,但是在戈尔公司绝对不是这样的——公司的产品销往耐克和宝洁等要求苛刻的客户,并且公司自成立以来年年盈利。纪律的驱动因素是什么?

泰瑞: 我并不想把所有的事情都说得那么完美。有一段时间,公司有些混乱——不同的团队聚集在一起,头脑风暴、打造队伍、培养友谊。但是,戈尔公司的员工之所以能够团结起来有根本性的因素:我们的价值观统领一切。这些价值观界定了我们如何相处,信任是其中的核心。

形成纪律最重要的一件事就是,在公司里每个人都清楚,是同伴对他们做绩效评估，而评估结果是发放薪酬的依据。来自同伴的压力要比领导自上而下传递的压力更有效。

正如前面所述，我们的同伴自行选择工作目标。如果他们不知道是同伴对自己进行绩效评估，他们可能就不会自主地选择自己感兴趣的工作，比如考虑个人爱好等。但是，这可能对公司来说并不重要。相反，每位员工都一直会想："我想在绩效评估的时候，让大家看到我对公司做出了重大的贡献。"因此，他们会寻找能够发挥自身优势的机会。这样一来，员工就自然而然地产生了内在的动力——每个员工都想做产生影响力的工作。

一般来说，员工会由20~30位同伴评估，相应地，他也会评估20~30位同伴。评估采取从高到低的方式强制排序，并只允许评估你认识的同伴。我们发现，在一般情况下，大家在评价做出最大和最小贡献的员工时，意见非常一致。我们不告诉员工评估标准，只是让他们根据每个人对企业所做的贡献大小来判断。在对员工进行评估的时候，我们不单单看其在团队中的表现，而且要看他们在公司范围内产生的广泛影响。他们除了做出贡献以外，自身的行为是否够合作？他们是否遵守公司的价值观？有时候，有些员工能够产生杰出的成果，但是让公司付出了更大的代价。员工在进行评估排序的时候都需要考虑这些因素。

我们有一个跨职能委员会，由担任领导职务的人员组成，他们考虑各方面的因素并展开讨论，然后形成某类员工的总排名，从第一名到最后一名。在确定薪酬的时候，他们会确保薪酬曲线完美的斜率，这样贡献最大的员工能获得最多的奖金。

虽然这个过程有些残忍，但能够保证优秀的人才得到认可。这一体系能够避免对资历老或者职务高的人奖励更多的问题。新加入公司的员工（或那些不喜欢当领导的科研人员），我们想让他们感到备受重视，因为下一个发明可能出自他们之手。没有哪种体制是完美无瑕的，但是我们这一体制能创造公平的竞争环境，能使真正的人才脱颖而出，并得到应有的回报。

我们不需要官僚体制来强求员工负起责任。我们不需要打考勤卡，因为我们不在意员工何时上下班。我们只关注他们的贡献。因此，你可以省去许多典型的官僚化流程，它们一般用于测评和控制员工的绩效。我们还发现，省去了硬性规定的绩效评分表后，我们避免了许多不愿看到的结果。如果你的评价标准过窄，无法体现业务的复杂性，就会引发许多消极的行为。与此相反，我们让员工对绩效进行总体评价，而不是聚焦在几个特定的指标上。

加里：许多公司都努力在发展和盈利、短期和长期等方面实现平衡，并且通常由高层领导来权衡利弊。首席执行官可能会说，"今年我们要重点控制成本"，而后第二年整个公司沉迷于削减成本而错失了几个好机会。要么领导命令大家实现增长，后来却发现增长是以损失短期的利益为代价的。因此，公司处于钟摆效应之中。戈尔公司是如何避免出现这种情况的？你们在平衡过程中是如何分摊责任的？

泰瑞：早期，我们将员工引入了这种不确定性和对立性之中，并且不保护他们。如果你将他们限制在一个盒子里，他们就不能处理这些微妙的平衡关系。我们想将这些冲突的压力也传递给员工，而不仅仅给领导。在一般情况下，领导会认为自己应当保护公司中的其他人免受这些压力的困扰。我们的员工非常清楚这些平衡关系到底有多么复杂，因为领导花费了大量的时间帮助他们去了解。领导要解释所有决策需要考虑的因素。我们不是只有一小部分领导在权衡，我们有更广泛的员工基础，他们有能力做出复杂的决策。

有时候我们会担心这种模式怎样让企业扩张。我们问50位伙伴这个问题，然后问500位，最后再问10 000位。结果我们发现，我们的管理模式能够帮助我们扩张，因为我们并非依赖几位集权的企业领导去做所有重要的决策。相反，我们将权力下放给运营团队，他们更有能力在正确的时间里做出正确的决策。

加里：戈尔公司的历史已经超过50年了，业已成为许多案例研究的对象。为什么这种管理模式没有在其他公司里生根发芽？为什么没有得到更大范围的效仿？

泰瑞：第一，我要说我们还在不断发展，这种模式还不够完善。但是，我要告诉其他首席执行官的是，要关注你公司内在的价值观：在过去数十年里，我们都奖励和强化了哪些行为？这种文化真正信任和鼓励员工吗？我们的文化培养合作精神吗？我们的文化鼓励知识分享吗？你必须首先解决这些问题。组织一个最大的错误就是，虽然说清楚了这些重要的价值观，但是没有遵守。这样的话，员工就会变得愤怒，因为他们每天从领导身上感到的与这些价值观根本不一致。

第二，你要评估一下你的领导模式。观察领导的动机、奖励的方式、员工看重哪些方面等至关重要。如果不能搞清楚这些，你就会遇到麻烦。我们的模式要求领导以不同的视角看待自己的角色。领导不是指令官，也不是关键人物，他们的职责是确保组织中的其他人取得成功。因此，他们必须放弃权力和控制，允许出现混乱的过程，这样就能够汇集不同的意见和团队，从而做出决策。

第三，你必须清楚地了解制约与平衡。在戈尔公司，这种制约与平衡表现为同伴绩效评估，但是在其他公司可能会是别的形式。什么能够产生持续回报并强化价值观呢？这需要嵌入你公司的管理实践中去。如果要将戈尔公司的企业文化引入其他组织，可以参照这个程序操作。

加里：过去，看到戈尔公司的人可能会说："嗯，挺有意思，不过也不是非得这样做，要有其他的管理模式。"但是，我想了想，戈尔公司模式的核心要素——共同决策的程序，领导不是由公司任命而是源自基层的，员工有知识和权力随时权衡利弊，这些东西似乎正在变成竞争的必备条件。

泰瑞：想一想人口的变化，我们年轻的员工比较期待这些东西——他们期待有机会产生影响力；他们期待了解自己为何做现在的工作；他们期待在一种协作的网络中工作，信息自由分享。如果组织没有这些东西，我怀疑它不算完整，它就无法吸引人才，也肯定无法留住人才。关键在于，要将优秀的人才聚集在一起。

在上一节我问过大家，能否打造一个与控制思想一样强有力的自由思想的管理体系。我希望你能同意对这个问题做肯定的回答。虽然像戈尔公司这样的例子并不多见，但是，存在这样的公司这一事实足以促使我们承认，的确存在常规管理模式之外的其他模式。如果你认为戈尔公司的模式过于激进，让我们期待下一节中晨星公司的案例吧！

少交"管理税"⊖

臃肿的管理架构不仅容易产生专治，而且隐性成本和显性成本都比较高。首先，管理者人数增多会增加管理费用，随着组织规模的扩大，绝对成本和相对成本都会上升。你要想知道原因，可以想象一个小型公司，它只有 10 名员工和 1 位老板，那么，管理者与员工的配比为 1∶10。（咄！）再想象一下，如果一家大型公司的基层员工有 100 000 人，采取同样的管理幅度，它则需要配备 11 111 名管理者，即 1 位管理者管理 9 名员工，或者说管理者人数占总人数的 11%。为什么呢？因为现在，管理者之上还有管理者。进一步假设，这些管理者的薪酬是一线员工的 3 倍。这样的话，管

⊖ 本节选自加里·哈默 2011 年 12 月发表于《哈佛商业评论》上的文章，题为《首先，我们炒掉所有管理者》。版权为哈佛商学院出版公司所有。授权使用网址为 http://hbr.org/product/first-let-s-fire-all-the-managers/an/R1112B-HCB-ENG。

理费用将占到公司人工成本的33%（=11%×3）。此外，这家大公司还有几千位高级职员，分布在信息技术部、财务部、人力资源部和规划部等，他们的主要任务是什么？就是避免公司被自身复杂的结构所压垮。

其次，另外一种潜在成本是重大决策引发的灾难性风险。重大决策总是会带来严重的风险，而这些风险的程度在等级结构下会加剧。在大多数组织中，高级管理者会对下属的决策进行审查，但是他们的决策很少经下属检查。理论上讲，董事会有权审核高管的决策，但是大多数董事都比较顺从——只要没有重大的决策失误。自相矛盾的是，决策越重大，能够挑战决策者的人就变得越少。狂妄自大、鼠目寸光、简单幼稚会毁掉任何层级的决策，但是如果决策者的权力因为各种现实的原因不容置辩，这种风险则会不断加大。

再次，还有一种潜在的风险。在大多数组织中，最有权力的管理者都是距离一线最远的人，他们高高在上做出的决策往往不具备操作性。故此，商业杂志充斥着大型的并购、价值数十亿美元的赌注，以及铺天盖地以失败告终的警示性案例。如果给予一个人君主般的权力，他早晚会演出一部宫斗剧。

最后，多层级的管理架构容易产生摩擦。基层员工的提议必须面对一个个上级审批的严峻考验。层级越多，意味着决策的周期越长，反馈的速度越慢，就越有可能错失良机。管理者因为管理工作领取报酬，但是鉴于展现自己权威的欲望，他们往往会起到阻碍而不是推动作用。

综合起来看，这些成本构成了"管理税"（management tax）。当然，问题在于公司缴纳这一赋税后能得到什么，管理税能减轻吗？它们得到的一种回报就是控制。不过，我们在戈尔公司看到，用同级替代上级来强化责任，可以获得"免税"。另外一个附加的回报是合作。管理者和谐、一致并整合，他们就像铆钉一样，通过活动、团建、项目和业务单元等将组织联结在一起。组织架构图上的每个部门则像彼此联结的铆钉。当然，这隐含着一条假设：合作需要中心化的管理。换句话说，要有效地整合大量分散的贡献，我们需要一群管理者，他们高高在上，能够纵览全局，也有权力在需要的时候将员工集中起来。然而，在上述所有的原因中，中心化的代价是很高的。

市场与等级

正因为如此，经济学家长期以来对市场的作用大加褒奖，肯定它在上级管控很少甚至不需管控的情况下也能协调人类的各种活动。比如，想一想为了养活800万纽约人而每天忙碌的人们，他们当中有农民、包装工、批发工、卡车司机、超市员工、饭店老板和餐饮服务员等。纽约市市长没有指定"食品大使"，但是人们照样有吃有喝。由此，我们能得到什么？无数独立自主的人自行决策，往往能够产生比集权领导更加有效的成果。市场万岁！

然而，罗纳德·科斯（Ronald Coase）和奥利弗·威廉姆森（Oliver Williamson）等经济学家一直认为市场具有局限性——只有合同双方的关系简单、稳定、易于界定，合同才能够取得良好的执行效果。例如，杂货店可以很直截了当地草拟合同，约定水果供应商向其供应苹果的具体条款。但是，如果协调起来比较复杂，例如原因高度多元化，这些因素要紧密地糅合在一起，或者需要共同创造崭新形式的知识，那只"无形的手"就会出现失误。比如，很难想象一群互相独立的承包商怎样成功地在一系列活动中紧密合作，准确无误地运行一个大型流程密集型制造项目。

因此，我们需要"公司"，这种组织能够在法律框架下，将做出贡献的关键人物汇集在一起。在此，管理者发挥了市场无法替代的作用：他们将成千上万种不相同的贡献整合为一种特定的产品（如福特公司的福克斯汽车）或者一种端到端的服务（如新加坡航空公司飞越太平洋的航班）等。

管理者构成了商业史学家艾尔弗雷德·钱德勒（Alfred Chandler）所谓的"看得见的手"。但是，正如我们所看到的那样，这只"看得见的手"往往很笨拙——管理费用数额庞大，错误频出，反应迟钝，员工举步维艰。如果没有一层层监管领导我们也能够精诚合作，那岂不是很好？

看一看开发源代码软件项目，你可能会想自己看到了组织的"极乐世界"。你会看到几十位甚至几百位贡献者，就算能找到管理者，其人数也极少。不过这种合作大部分都属于"即插即用"型。在一个开放源代码的项目中，任务都是模块化的，志愿者能够独立工作，界面界定得非常清晰，也不指望你实现什么科学突破。比较一下波音公司制造全新的飞机所面临的合作挑战。要完成这一艰巨的任务，成千上万名专家必须并肩作战，解决数以千计的最前沿的设计和制造问题。波音公司近来痛苦地发现，将大量开发性项目外包并不能解决合作不利的问题。单靠市场是无法制造出梦幻客机的。

那么，我们被卡住了吗？集权化是在复杂任务上实现合作的唯一办法吗？我们要支付管理税吗？对此，经济学家的回答是"要"。从概念上理解，市场是分散化的，企业是中心化的。大部分管理者都会同意这种观点，因为他们从未遇到高度分散同时又完美协同的公司。幸运的是，我遇到过。

遇见晨星公司

如果你吃过比萨，给汉堡挤过番茄酱，或者给一份意大利面浇过肉酱，那你可能就用过晨星公司的产品。晨星公司总部设在加利福尼亚州的伍德兰市，靠近萨克拉门托。该公司是全球最大的番茄加工商，每年加工的番茄数量占整个美国的25%～30%。晨星公司拥有400名全职员工，年收入超过7亿美元。在旺季的时候，公司旗下的每家工厂每小时可以加工1000吨原材料。这是一家复杂的资本密集型企业，数十个关键流程要精确地协调一致。

任何从5号州际公路开车驶过加利福尼亚州中部的人可能都看到过晨星公司的拖挂车从农田开往工厂。1970年，当年还在加州大学洛杉矶分校攻读工商管理硕士的学生克里斯·鲁弗（Chris Rufer）创办了该公司，主要从事番茄运输业务。41年后，鲁弗依然担任晨星公司的总裁。

作为一个年轻的卡车司机，鲁弗对如何让番茄加工行业更高效兴趣浓厚。但是，他又感到很困惑，没有行业元老把他的想法当回事。然而，鲁弗并未退缩，他四处寻找投资人，并于1983年建立了第一条番茄加工线。

没过几年，鲁弗与合作伙伴在公司发展方向和组织理念上产生了争执。为了解决这种僵持的局面，他卖掉了自己在加工厂的股份，但是保留了晨星公司的品牌。很快，他就开始筹划新的厂址。1990年，新的工厂在加利福尼亚州的洛斯巴诺斯开工，占地40余英亩。每年仲夏时节，你就能够看到长长的卡车队伍在缓坡上等待卸货。拖车卸下番茄后，给番茄淋水，然后它们进入一道道水槽。第一道工序是清洗番茄，将叶子、茎和其他杂物分离出去。番茄像瀑布一样流入工厂的加工炉，光电传感器会触发像手指一样的设备，将番茄根据颜色和大小进行分类。大部分番茄最终会变成糊状，剩余的则被切成小块。在流水线的最后，一个个经过消毒的大盒子装满重达3000磅①的番茄，被装上卡车和火车。

今天，晨星公司有3个大型加工厂，每个工厂里都有几个空间很大又隔音的控制室。在这里，墙上每一寸地方都挂着显示屏，显示数十个关键

---

① 1磅≈0.454千克。

流程的实时信息。这个场面不像奶奶家的厨房，更像美国国家航空航天局的指挥中心。

晨星公司根据客户的需求，按照数百个差异细微的配方来加工番茄。除了生产散装产品以外，晨星公司还加工罐装番茄，直接送往超市和餐厅以服务客户。工厂只是晨星公司以番茄为核心业务的两大支柱之一。每年，卡车公司要运送 200 万吨番茄，另外一家公司负责采摘番茄。晨星公司平均每年要加工 8 万英亩的番茄，其中 7000 英亩由公司直接种植。

在过去 20 年中，晨星公司的产量、收入和利润都实现了两位数的增长，而行业每年的平均增长只有 1%。作为一家私营企业，晨星公司并不与外人分享其财务成果。但是，我们了解到晨星公司的增长实际都源于其内部资源，这个成就很了不起，为该公司赢得了丰厚的利润。基于公司的基准，晨星公司相信自己是全世界最高效的番茄加工商。鲁弗冷静地说，他曾担任卡车司机的 5 家番茄酱公司现在都已经倒闭了。实际上，晨星公司并购了最大的工厂，从破产的竞争对手手上获得了丰厚的残余价值。

解读自我管理

晨星公司之所以能够成为管理创新的案例，不是因为公司的番茄、工厂或者利润。相反，是因为该公司对"自我管理"的坚定信念。根据晨星公司的"公司愿景"，其目标是所有团队成员：

> 愿意成为自我管理的专业人士，主动沟通，与同事、客户、供应商和行业伙伴精诚合作，无须他人指挥。

最后几个字是否让你读不下去？经营一家公司怎么可能"无须他人指挥"？员工怎么能"自我管理"？答案如下。

使命就是老板

在晨星公司，没有主管领导，相反，使命就是老板。每位员工（或者在晨星公司中被称为"同事"）自己负责制定个人的使命宣言，明确他怎样对公司的目标——"提供番茄产品和服务，持续满足客户对质量和服务的期待"做出自己的贡献。对于洛斯巴诺斯工厂的罗德尼·雷格特（Rodney Regert）而言，他的使命就是将番茄原材料加工成番茄汁，以便下游继续加工，为此他必须尽可能以环保的方式完成工作。

晨星公司的每位员工都隶属于一个业务单位团队。这20个团队有些是独立的公司（如卡车运营公司），有些则是工厂的操作中心（如产生蒸汽）。每个业务单位都拥有宏大的使命，这为每位团队成员的个人使命提供了一个背景。

鲁弗将个人的使命视为自我管理的基石。他说："对使命的理解至关重要。反馈系统能够让你明白自己应如何做事，这也很关键。你必须感觉你对自己的使命负主要责任。如果别人对你该做什么有建议，他们应该说出来。但是，你的使命完成得如何，接受了多少培训，拥有了多少资源，为了完成使命需要与同事合作等，都得由你自己最终负责。"一位资深的工厂技术员老保罗·格林（Paul Green Sr.）说："我是受使命和承诺的驱动，而不是受管理者驱动的。"

由员工自己制定协议

这些承诺都写进了"员工承诺书"（简称CLOU，与clue同音）之中。该承诺书详细列举了员工完成使命所需的特定行为。每位员工每年都要与那些最可能对自己在公司产生影响的同事重新讨论自己的"员工承诺书"。参与讨论的可以是自己业务单位的同事，也可以是下游的"客户"。例如，负责购买天然气的团队成员必须与晨星公司蒸汽团队的员工进行讨论。

在讨论"员工承诺书"的过程中，员工可能要与10个甚至更多的同事进行交流。交流的时间短则20分钟，长则1小时。一个完整的"员工承诺书"可能涵盖30个独立的部分，也会说明相关的绩效评估办法。

"员工承诺书"都在公司集中存档，任何员工都可以查阅。晨星公司所有全职员工总共签署了大约3000份"员工承诺书"。

在签署年度"员工承诺书"之前，业务单位的同事会聚集起来，共同讨论业务面临的挑战，分享个人的发展目标。"员工承诺书"也会逐年发生变化，并反映出员工个人能力的变化和兴趣的转换。一般来说，经验丰富的员工会承担复杂的工作任务，并将基础性工作转交给新近入职的员工。

在解释"员工承诺书"逻辑的时候，鲁弗不断提及"自发的秩序"这一概念，它是指独立主体之间建立的无数个自愿协议，其能够产生有效的协同。

鲁弗说："对我而言，组织结构就是个体自由地与他人结成的一整套关系。问题不在于是否存在组织结构，而在于怎样维护关系，是自上而下还是自下而上。我们的同事们创造了一种组织结构：我同意将这份报告给你，或者我会将这些集装箱装上卡车，或者我会以某种方式运行某种设备。这是一种自发的程序，给人提供了更多的流动性。关系可以很容易地改变形式，但是如果我们自上而下地固定了关系，就很难办了。"[1]

鲁弗继续说："关于人们如何共事，仁者见仁，智者见智。员工越能自由地探求这些差异，越能根据自身的能力调整这些关系（他们和别人各擅长什么），他们所做的贡献就越能彼此匹配。"令人惊讶的是，鲁弗并不认为自由是合作的敌人，而认为自由是合作的同盟。

在晨星公司，每位员工都是一张"承诺大网"中的订约人。有一位团队成员曾这样说:"在这里,你没有老板,可人人又都是你的老板。"

在业务单位层面也有类似"员工承诺书"的东西。业务单位每年互相协商草拟"客户-供应商协议"。平均下来,执行的此类协议共有 50 种。每个业务单位都有自己的损益表,业务单位之间讨价还价的情况很普遍。例如,农耕部门和加工厂会在产量、定价和发货时间上讨价还价。然而,这其中的思想和"员工承诺书"是一样的:与集中强制性的关系相比,独立的签约主体之间达成的协议能够更好地调整激励并反映市场的现实情况。

切实授权给每个人

在大部分公司中,授权仅仅停留在口头上。但是,晨星公司不是这样的。对此,业务开发专员尼克·卡斯尔(Nick Kastle)将晨星公司与其前雇主进行了鲜明的对比:"在加入晨星公司之前,我在原公司里向副总裁汇报,副总裁向高级副总裁汇报,高级副总裁再向执行副总裁汇报。但是,在自我管理的过程中,你必须自己上阵。你不能指使别人把某事搞定。无论需要什么,你必须自己完成。"还有另外一位同事,在加盟晨星公司之前,他曾经在两家跨国食品公司工作过。他也说:"在其他公司工作的时候,我的老板坐在办公室里发号施令。操作工人十分依赖倒班主管或者工厂经理。但是,在扁平化的组织中,每个人都对自己的区域负责。"

这就意味着员工要负责获取完成工作所需的工具和设备。然而,晨星公司没有统一的采购部门,也没有主管签字审批各种开支,每个人都能签署采购单。如果一位维修工程师需要一台价值 8000 美元的电焊机,他直接预订即可。他会在采购单上注明他的姓名,收到票据后,他会确认收到设备,然后将账单转交给财务部付款。任何人无须拍采购经理的马屁,就能够自主完成订单。新的供应商会对这种程序感到困惑,这可以理解。

对公司开放式的采购流程，鲁弗这样解释："有一天，我在签署支票的时候，想起了那句名言——'责任止于此'。我心想，这句话不对。我的面前就放着一张采购单，以及公司员工与外部人员就购买设备签署的一份合同。我收到一张便条，上面写着'设备已运到，我们已签收，票据上的价格与采购单上的一致，支票已经准备好了'。现在，我能选择不签支票吗？不能。因此，问题不是'责任止于哪里'，而是'责任始于哪里'。责任始于需要设备的人，他们最适合做决定，我并不需要审核。所以，我们取消了这个环节。有能力、了解情况的人应当做决策。"[2]

道格·柯克帕特里克（Doug Kirkpatrick）于1983年加入晨星公司，他强调了鲁弗的观点："我们的模式消除了蓝领和白领之间的差异。我们一线的同事比硅谷的知识工作者权力更大。"

这种权力也体现在招聘上。如果有同事发现他们工作负荷过大，或者有新的岗位空缺需要补充，便有责任启动招聘流程。

高管常常欢迎授予员工权力的做法，但是公司能与一线员工分享账簿，或者希望员工自行启动招聘工作，这是极为罕见的。不过，对鲁弗而言，这不过是基于常识的做法："我不想让晨星公司的任何人感到，他们不能成功是因为没有得到合适的设备，或者同事的能力不足。"

不要设限

在晨星公司，员工的岗位职责没有统一的界定。所以，随着时间的推移，如果员工技能提高了，他就有机会承担更大的责任。小保罗·格林跟随父亲加入晨星公司，负责培训和开发工作。他解释说："我们认为，人应当做自己擅长的事情。所以，我们尽量将员工安排在合适的岗位上。结果，比起其他地方，晨星公司员工的职责更加宽泛、更为复杂。"

晨星公司有一个核心的原则，每个人都有权对公司的任何方面提出改进建议。该公司鼓励员工给予公司企管部门帮助，或者向它们寻求帮助。这样一来，就无须设置沟通渠道了。鲁弗说，"晨星公司与大多数公司的区别在于，在这里如果你有想法，你不需要向主管或者老板汇报，直接去找其他人或者团队即可。如果他们觉得你的想法能帮助他们完成任务，他们就会非常欢迎"。

一般来说，基层员工都假设变革是自上而下的，但是在晨星公司，没有上级，每个人都清楚自己在推动变革过程中的责任。小保罗·格林说："我们有许多自发的创新和变革，它们都来自不同寻常的地方。我们认为，你有权利在你能贡献价值的任何地方有所参与。因此，员工经常会在本职工作以外的领域推动变革。"

鼓励竞争是为了产生影响，而非提拔

晨星公司没有等级、没有头衔，没有要爬升的职业阶梯。但是，这并不意味着每个人都是平等的。在特定的工作领域里，总有人比其他人能力更强。这些专业特长和"附加值"的差异在薪酬待遇上也有体现。

任何组织都存在内部竞争，晨星公司也不例外。但是在晨星公司，竞争在于谁能做出最大的贡献，而不是谁能捞到肥差。要不断进步，员工必须掌握新的技能，或者找到服务同事的新方法。信息技术专员罗恩·卡瓦（Ron Caoua）这样说道："在这里没有提拔。能给我履历加分的是更多的责任，而不是更高的头衔。"

我问鲁弗，晨星公司的员工怎样发展，他用高尔夫球打了个比方："在职业高尔夫巡回赛中，球手如何提高名次？杰克·尼克劳斯（Jack Nicklaus）在比赛中会关注成为'高尔夫执行副总裁'吗？不！他在享受高尔夫比赛，他明白，如果表现足够出色的话，他就会获得每个人梦寐以求的成绩——成就感！他也明白，所取得的这些成绩能够给他带来丰厚的收入，让他去享受他想要的生活。提升只关乎能力和声誉，与职位和头衔无关。"

一位晨星公司的员工言简意赅地对我说："那些渴望增加价值、不断成长的人愿意留在这里工作。我们的竞争对手只能选择其他人了。"

自由地追求成功

晨星公司的管理模式有些奇怪但是非常有效，其核心可以简单地概括成一个词：自由。鲁弗说："组织理念应当始于人，能够让人在工作中更富有创造性与激情，我认为自由能够做到这一点。如果每个人都能自由地选择自己的道路，他们一定会越做越好。如果拥有自由，他们就会投身于自己所钟爱的工作，而不是被动地按照指令行事。这样，他们自己就会越做越好，他们工作起来就会更有激情，冲锋陷阵。"

晨星公司的员工对鲁弗的观点产生了共鸣。正如一位运营人员所说的："如果别人告诉你该做什么，你就与机器没什么两样。"这句话完全正确，但是问题就在于此。要保证基于机器的大规模经营顺利进行，你需要一直像机器一样工作的人。运营效率要求员工做到可靠、精确和敬业。如果没有责任感，自由也会变成混乱。然而，当走进晨星公司巨大又复杂的工厂时，你会看到一切都井然有序。在大部分公司里，主管和经理都在让员工埋头苦干，但是晨星公司则不然。那么，他们的自由是怎样变为节奏分明的合作的？

目标清晰，数据透明

没有信息，人就无法实现自我管理。参观一下滑雪场，你可能会看到一个不会滑雪的人在教练的指导下滑下山坡。教练紧紧跟在后面，不停地大声指挥着"向左""向右""停止"等。相反，一位熟练的滑雪者则完全可以靠自己在同样的滑道滑雪。晨星公司的目标是为员工提供所有他们需要的信息，以便于他们监督自己的工作，做出明智的决策。该公司的假设是，人都想做正确的事情，但是他们需要大量的信息来判断什么是"正确"。

每份"员工承诺书"都包含一套"踏脚石"方法。员工会运用这些评估方法，跟踪他们是否成功地满足了同事的需求。此外，每个业务单位每月发布两次详细的报告，每位员工都可以看到。

效率是每个人使命的一部分，晨星公司鼓励员工对彼此的工作成果负责。因此，但凡出现任何开支突然增加的情况，其立即就会受到关注和质询。老保罗·格林说："因为每个人都看着数据，同事们就算问'为什么在这一项上花钱'也没有问题。"在透明的环境下，愚蠢和懒惰的行为很快就会被曝光。

透明之所以对晨星公司至关重要，还有另外一个原因。该公司是横向和纵向双重整合的，员工需要跨部门的信息，以便能够评估他们的决策如何对公司的其他部门产生影响。鲁弗希望他的员工能够考虑公司的整体性，他深知，只有每个人都能分享到整个系统的数据，员工才能做到这样。正因为如此，晨星公司是没有信息孤岛的，因此没有人会质疑同事"了解某事是出于什么需要"。

计算与咨询

虽然员工可以自由地支配公司的资金，但是他们必须出示合理的业务需求才能这样做。一般来说，这意味着详细地建立一个财务模型，包含对投资回报率和净现值的计算。小保罗·格林说："我们的同事非常清楚优秀的投资和糟糕的投资是什么样的。在一般情况下，我觉得他们做这种分析比许多工商管理硕士毕业生都厉害。"

在做一项投资时，晨星公司的员工会广泛地进行咨询。即使没有正式的资金审批流程，但是员工也明白花了公司的钱是要对伙伴们负责的。例如，一位员工要进行一项价值 300 万美元的投资，他可能会咨询多达 30 位同事后再做决定。小保罗·格林说："员工倾向于在做决策的时候征求许多人的意见，这样他就不会处于孤立无援的境地。"

晨星公司在人员招聘上亦如此。如果有员工想增加业务单位的人手，必须向同事们推销他的想法，而他们会询问岗位说明和业务规划。如果大家都同意，就会请内部的招聘专员开展招聘。

在晨星公司，员工享有许多权力，但是他们很少单独做决定。与之对应，没有人有权力单方面扼杀别人的想法。经验丰富的团队成员不是陪审团成员、法官或者刽子手，而会扮演教练的角色。年轻员工如果有大胆的想法，大家会鼓励他咨询晨星公司老员工的意见。这些"专家"通常会简要地进行指导："这里有一种模式，你可以它来分析一下你的想法。回去再做做功课，做完功课再回来，我们继续聊。"

实际上，我在晨星公司交流过的每个人都承认，这种咨询很耗时，但是收益很多。比如，决策信息充分，不受公司政治影响；规划能够得到广泛的承诺；同事们明白无论他们身处哪个岗位，都可以启动变革。

解决冲突，流程合理

如果有人滥用手中的自由，绩效持续表现不佳，或者与同事冲突不断，那该怎么办？晨星公司没有解决争议的管理人员，没人有权迫使他人做出决定。在商业世界中，合作双方的争议通常会通过调解或者仲裁得到解决，晨星公司就是这样。

为了说明这一流程是如何操作的，假定你和我在不同的业务单位工作，你认为我没有兑现我在员工承诺书中对你做出的承诺。首先我们碰面，你说出你的意见。我可能会给出我的理由，答应做得更好，或者反过来指责你。如果我们两人不能解决争议，我们会在公司内部找到一位我们都信任的调解人。之后，我们三个人进行面谈，表达自己的观点。假如调解人同意你的意见，但是我反对你们提出的解决办法的话，要有六个人组成一个小组，帮助我们解决争议。小组会议可能会听取调解人的建议或者提出其他解决方案。如果我再次反对，鲁弗会将所有人召集起来，听取大家的意见，并做出决策，大家照此执行。但是，极少有争议需要鲁弗出面解决。

如果对员工的绩效考虑得足够充分，就不需要解决争议的流程。在晨星公司，员工的命运绝对不会掌握在某个任性的老板手中。

鲁弗解释了晨星公司这种流程的好处："一旦出现争议，同事们会召开小组会议，将情况反馈给公司。员工能够看到流程是公正合理的，每个人都明白他们可以向他人求助。有时候，老板可能因为个人生活中遇到的问题，把员工当出气筒，我们剥夺了他们这种权力。"

同级考评与答辩过程

在晨星公司，责任已经融入了组织的 DNA。首先，每位新员工会参加一个关于自我管理基本知识的研讨会。他们能够了解到，责任与自由是相辅相成的。公司会给予他们许多自主权，但同时他们必须对自己的决定负责。没有人会推脱棘手的问题。你可以尽可能地广泛咨询同事，但是最终做决定的是你自己，你要对同事负责。

在年终绩效评估时，每位员工都会收到"员工承诺书"所涉及同事提供的详细反馈。这是另外一种责任机制。业务单位层面也执行类似的程序。每年 1 月，公司会要求每个业务单位就过去一年的工作进行答辩。因为仅一个业务单位的答辩就需要花费将近一天时间，所以整个答辩要持续数周。每次会议都会将相关业务单位的团队人员及与被评估者相关的人员集中在一起。

实际上，每个业务单位的答辩也是对股东的汇报。团队成员必须解释其使用公司资源的充分理由，承认绩效方面的不足，并提出改进计划。公司根据绩效表现对业务单位进行排名，未完成计划的业务单位会受到质问。鲁弗说："如果业务单位做出了投资，但是没有收到回报，他们就会被同事嘲笑。今后再做投资的时候，他们就很难得到大家的支持。"有一位团队成员说："做你同事认为愚蠢的事情，是一种社会风险。"

到了 2 月，公司会安排一轮战略会议，提供平级评估的机会。在几天的时间里，每个业务单位都要用 20 分钟时间面对全公司员工陈述新一年的工作计划。同事们可以使用虚拟货币，对他们最看好的项目进行投资。争取投资基金的竞争异常激烈。若某个业务单位不能赢得大家的认可，将会受到严格的审查。

选举薪酬委员会

与工业企业的薪酬模式相比，晨星公司的薪酬模式更接近专业服务类公司。每年年底，每位同事都会收集自我评估的文件，列出他们对"员工承诺书"中的工作目标、投资回报率和"踏脚石"方法完成得如何。同事们会选举出局域性的薪酬委员会。在一般情况下，一年中，全公司上下会组建八个这样的机构。该委员会遵循一套顾问式程序，审核员工的自我评估，发现员工可能未予上报的贡献。此外，委员会会对员工主动对其他业务单位的同事提供帮助特别予以认可。委员会特别重视这些信息，并据其对员工进行调薪，旨在确保员工的额外贡献在薪酬待遇中体现出来。

自我管理的好处

晨星公司里读过商学院或者持有大学文凭的员工并不多，但是许多人都为进取心不强的雇主工作过。你要问他们自我管理的优势，他们便会热情满怀，口若悬河。

好处1：更高的主动性

我问晨星公司工厂的一位机械师："团队成员那么积极地帮助同事，动力是什么？"他回答说："我们的组织是信誉资本驱动的。如果你能够为公司其他地方带来有价值的东西、有价值的建议等，你的声誉资本就会增加。"这里的逻辑是，如果工作岗位的界定比较宽泛，人们就会积极地帮助他人，主动性就会提高。

好处2：更强的专业性

自我管理模式还鼓励员工发展深层次的技能。在晨星公司，专家并非管理者、资深员工或者内部顾问，而是做实际工作的员工。比如，那些在包装生产线上填充无菌容器的工人对于微生物方面的知识非常精通。斯科特·马诺奇（Scott Marnoch）是一位质量专家，他解释了员工要聪明的原因："在这里，每个人都对自己工作的质量负责，人们为此感到自豪。如果出现错误，没有领导替你背锅。"另一位同事则更加有力地说明了这一点："在来这里之前，我除了公司等级制度，其他一无所知。但是回过头看，这造成了我的惰性和能力低下。"

好处 3：更高的灵活性

晨星公司的管理模式同样提升了它的发展速度和灵活性，鲁弗用云打了个比方，他说："云朵形成后，就飘走了。空气的状态、温度和湿度等造成水分子凝结或者蒸发。组织也是一样。合适的结构是否出现取决于组织受到的各种力。如果员工的行为更加自由，他们就更能够感受到这些力，并且以更加符合公司内部实际的方式来做事。"

小保罗·格林补充说，"在一般情况下，员工为了更好地完成他们的使命，变得对同事们更有价值，在一年中会主动发起数百个变革项目。我们没有太多条条框框的限制，所以公司一直在发生变化"。

好处 4：更多的分权

组织金字塔最大的缺陷在于它的锥体形结构。高度越高，锥体变得越细，因此，在向上攀爬的斗争中，失败者多于胜利者。竞争的过程能够激励员工个人不断做出成绩，但是零和游戏的本质会促使员工参与公司政治，从而加剧对立。在扁平化组织中，没有拍马屁和排挤人的现象。晨星公司有一位员工名叫保罗·特佩卢克（Paul Terpeluk），他曾在两家《财富》500强公司有过短暂的工作经历。他认为，没有老板的管理方式有这样的好处："这里没有背后使坏的现象，因为大家用不着争夺一种名叫提拔的稀缺资源。你所有的精力都会投入努力工作和帮助同事之中。"换句话说，一旦推倒了金字塔式结构，你就抽走了公司政治中的毒液。

好处 5：更多的判断

在大部分组织中，重要决策都是由高管来完成的，他们学习过商业分析。高级管理者掌握了大量的数据，善于做复杂的分析，但是他们不了解情况，也就是缺乏对"现实情况"微妙性的理解。正因为这样，在高管看来绝妙的决策往往被一线员工认为愚蠢至极。晨星公司并不将决策交由上级决定，而是下放给专业人员定夺。比如，该公司大约一半的员工都学习过如何与供应商进行谈判的课程。

晨星公司在员工能力建设上的投资反映了自我管理的核心原则：与让高管了解实际情况相比，为员工提供决策的工具更加容易、更加有效。在晨星公司，实干家也是思想家。这带来的结果便是决策更加及时、更加合理。

好处6：更高的忠诚度

在晨星公司，很少有经验丰富的员工离职加盟竞争对手公司，但是竞争对手的员工跳槽到晨星公司的情况却时有发生。一位新员工加入晨星公司的团队，他原来上班开车只需5分钟，如今每天上班开车需要1小时。他为什么宁愿跳槽到晨星公司？"因为在这里，我有成长的机会。"

每年夏季，当番茄成熟的时候，晨星公司的加工厂需要800名临时工。他们中的90%每年都会回来，公司为他们全体进行了自我管理的培训。鲁弗相信，正是这种管理思想，让晨星公司的员工忠诚度处于行业领先地位。

想要确凿的证据吗？一个独立研究团队近期对晨星公司临时工的"授权"和"归属感"等进行了测评。结果让人大为震惊，该公司临时工的敬业度与其他公司高管团队的一样高。

好处7：更低的管理费

最后一个好处显而易见，就是较低的管理费用。鲁弗说："在许多公司中，高管告诉经理做什么，经理告诉主管，主管再告诉一线员工做什么。

这样一来，管理费用就会比较高。然而，这在晨星公司是根本不存在的。"

节约出来的一部分费用分享给了全职员工，他们的薪酬高出行业平均水平10%～15%。其余部分用于晨星公司的发展。

午餐便宜，但不免费

尽管晨星公司的组织模式能够大幅降低管理费用，但是也确实存在缺陷。有经验的员工特别指出了四点。

第一，并非所有人都适合晨星公司自我管理的模式。与其说是能力问题，不如说是文化适应问题。一个人如果在高度等级化的组织中工作了多年，往往难以转变到自我管理模式。这给招聘过程增加了时间和难度。当公司规模还很小的时候，鲁弗要花半天时间与每位潜在的员工进行访谈，通常是在候选人的家里，而且是其配偶在场的情况下。谈话很大一部分聚焦于候选人的期望与晨星公司的管理理念是否匹配。如今，公司会给每位候选人安排两小时介绍自我管理，然后安排10～12位同事进行面试。

即使如此，也会出现差错。小保罗·格林估计，约有50%新加入公司的高管会在两年内离职。尤其是经验丰富的管理者，他们难以适应自己不再"扮演上帝角色"的体制。

第二，让同事们对彼此负责是另一个挑战。在等级化的组织中，老板负责处理制造麻烦和绩效欠佳的员工。在晨星公司，责任是分散的——每位员工都负责保证质量、效率和团队精神，并向违反政策和规范的人发起挑战。

如果员工回避这种责任，不能在需要的时候传达"严格的爱"，那么自我管理很快就会沦为平庸的同谋："你好，我好，大家好！"在晨星公司的培训项目中，公司明确提示了这种风险，反复提醒员工：如果不够大胆，

"平级评价"就无效。

发展是第三大挑战。多年以来，晨星公司的发展速度超过了行业平均水平，其财务资源的发展速度更是惊人。然而，鲁弗和高管们始终保持警惕，以免削弱公司独特的文化。这种担心使得他们不追求盲目扩张。小保罗·格林估计，在一般情况下，新员工需要一年或者更长的时间才能完全适应自我管理的工作环境。虽然该公司在想方设法加快这一过程，但是公司依然能很好地控制，不为快速的发展牺牲自己的"管理优势"。

追踪职业发展是晨星公司的第四大挑战。大多数公司都设有职业发展阶梯，员工运用这些阶梯来记录个人的成长：团队领导、主管、部门负责人、副总裁，等等。晨星公司的员工有机会拓宽自己的职责，与我沟通过的每个人都将这一点视为公司精英管理的优势。但与此同时，这很难让外部同行准确界定其个人发展的程度，而这对于那些有经验、想跳槽的人来说，便成了一种障碍，因为他无法确切地说出自己是什么职位。

鲁弗和晨星公司的员工对于自我管理面临的挑战并非视而不见，他们一致坚信，与"管理税"相比，这根本算不上负担。

管理者与管理

坐在一间简单的会议室里，我向鲁弗暗示，晨星公司已经学会了如何不用管理者进行管理。他立即纠正我说："在我们这里，每个人都是管理者。我们有许多管理者。管理的职责包括计划、组织、招聘和控制，每个晨星公司的员工都要做这些事。他们每个人都是自己使命的管理者，都管理着自己与同事签署的协议，管理着完成工作所需的资源，管理着对其他同事的责任。"

然而，鲁弗明白我的意思。数十年以来，人们都假设管理的任务只有公司正式任命的管理者才能做好。但是，从晨星公司多年对自我管理的试验经验能够看出，将管理职责下放给员工不仅是可能的，而且是成果显著的。事实证明，如果能够提供正确的信息、动力、工具和责任，任何人都能够做好管理工作。

市场和等级

谢天谢地，我们不用选择市场和等级哪个优势更大。晨星公司并不是一个由一群个体承包人组成的松散联盟，也不是一家乏味的管理组织。相反，晨星公司是一个非常高效的高度整合企业，其将市场和等级微妙地结合在一起了。

关系密切的工作场所

从某个方面看，你可以将晨星公司想成一个关系密切的工作场所，员工可以与同事们自由地商议市场化的协议。尽管这个过程可能会存在异议，并且比较复杂，但是有几个因素可以减少这种阻碍。其中之一是，参与商议过程的每个人都有统一的计分卡：使公司表现最佳。在纯粹的市场环境下，消费者不太在意交易对卖家是否有利——"哇，停业大甩卖。太棒了！"相比之下，晨星公司每个人都明白，如果公司整体经营不好，他们也不会有一个好的工作场所。他们明白，他们要"同呼吸，共命运"！

晨星公司的员工愿意长期在公司工作。作为团队成员，你明白如果你利用了某位同事，或者不能兑现承诺，便会对自己产生负面影响。这就会鼓励员工从关系的维护而不仅仅是生意的角度考虑问题。最终，鉴于晨星公司的大部分人都在番茄行业工作了多年，他们都明白该做什么，由谁去做，并不需要每年对每份合同的每个条款进行修订。共享的目标、长期的关系和对行业的深入了解等，就像黏合剂，倘若没有这些，晨星公司市场化的合约体系就会支离破碎、效率低下。

自然的动态等级体系

从另一个方面看，晨星公司是一个自然的动态等级体系。尽管晨星公司不存在正式的等级体系，但是存在非正式的等级体系。无论在哪件事上，根据不同的专业特长和帮助他人的意愿等情况，有些员工的话语权会比其他人的更大。重要的是，这些是影响力等级，而非职务等级，是自下而上建立起来的。在晨星公司，员工展示出专业能力、帮助同事、创造附加价值，就能够积累个人的权威。做不到的话，他就会失去影响力，薪酬待遇也会减少。

在大多数公司中，等级体系既不是自然形成的，也不是动态的；领导不是员工推举出来的，而是上级任命的。令人生气的是，许多重要的工作岗位都由那些善于耍政治手腕的人而不是真正有能力的人来担任。更严重的是，因为职位决定权力，所以它们之间就具有了"黏性"，权力不会自然而然地从能力低的人转到能力高的人手上。往往，绩效欠佳的管理者只有在被降职或解雇的时候才会失去权力。在此之前，他们会一直把事情搞砸。在晨星公司，没有人认为每个人在每个问题的决策上都拥有平等的话语权，他们也不认为某个人因为是"老板"就能够拥有最终的话语权。

与戈尔公司一样，晨星公司的管理模式是建立在自然的等级体制和领导者的基础上的。鲁弗说："我从其他公司聘请了一些高管，但是坦率地讲，他们入职后通常会感到困惑。他们听起来是领导者，懂得如何发号施令，但是他们并非真正的领导者。真正的领导者了解情况，会考虑问题的复杂性，提出解决方案，提出战略，招募追随者。天生的领导者会自然而然地脱颖而出，他们不需要向员工发号施令或者解雇员工的权威。"

自我管理：如何开始

在本章开篇我说过，管理思想严重失衡，它过于重视控制，而忽视了自由。在晨星公司，自由得到了充分尊重。这不是"事后诸葛亮"，也绝非只是一个口号，而是思想的基石。晨星公司没有人讨论授权问题，原因很简单，授权思想背后的假设是，权力是自上而下的，是上级当权者认为合适的时候授予的。但是，当权力分散的时候，管理者就无权可授，授权的理念就变得毫无意义了。

我猜想你的组织不是建立在自我管理的原则基础上的，不是一个关系密切的工作场所，也没有自然的动态等级体系——而是官僚体系，有着错综复杂的政策规范，层层叠叠的等级体系，以及大量视一致性和可预测性高于一切的管理程序。所以，你现在站在了思想的十字路口，要自己决定：是老板管理还是自我管理。

美国的创立者并不是为了减轻君主体制的暴行而建立美国的，而是为了推翻它。他们不是为了一个项目或者过程，而是为了"不言自明"的真理。你必须也这样做！如果不对自我管理做出明确的承诺，你就有可能在不应该妥协的地方予以妥协，或者你会在应当争取更多东西的时候，对过得去（很容易被推翻）的东西表示满意。

然而，你必须从原地开始。没有人会允许你毁掉旧的管理架构，他们也不应该这样做。你必须证明自我管理并不意味着没有管理，激进的去中心化也并不会带来混乱。

以下是如何开始的几个小窍门。

第一，让你团队的每个人写下自己的使命宣言。问问他们："你想为同事们创造什么价值？""你想为团队的成员们解决哪些问题？"启发大家拓宽思路，聚焦于带来的好处而不是完成的活动上。如果每个人都写好了一两句话，将小组成员按两三人一组进行划分，让他们对彼此的使命宣言进行评价。这样做了之后，你就可以将重点从规则驱动的顺从转到同事商议的责任之上。

第二，寻找你能够拓宽员工自主权范围的方式。问问员工："有哪些政策和流程妨碍了你实现自己的使命？"一旦你找出了最让人恼火的答案，略加反击，看看会发生什么事情。正如我们在第 4 章中看到的新西兰银行那样，这有可能逆转控制的浪潮。如果在自我管理上你是认真的，你就会一点点做起来。

第三，给公司中的每个人制定一个团队层面的损益表。通往自我管理的道路铺满了信息，你应为一线员工提供与给首席执行官一样详尽的绩效信息。在下一节中，大家将看到印度 HCL 科技集团公司首席执行官维尼特·纳亚尔（Vineet Nayar）在推翻管理金字塔时，首先就是这样做的。

最后，想办法消除管理者与被管理者之间的鸿沟。如果你是一位管理者，可以列举一下你对团队的承诺。然后，让你的同事解释一下你列出的清单。让领导者对员工更加负责，是建立双向责任的关键一步。

培养员工的使命感，删除令人讨厌的规章制度，给团队提供一个综合的损益表，强化双向责任——这些都是自我管理之路上的重要标志。

无论是大型组织还是小型组织，在过去的 100 年中，官僚体制一直是主导的运行体制，我想是时候结束了。对于传统架构下的公司而言，其通向自我管理的道路漫长又崎岖，但是通过晨星公司和戈尔公司的案例，我们能够看出这样的目标值得我们付出努力——我们不再需要在高效率和人性化两种组织之间做出选择了，我们不用再支付"管理税"了。

结论

在过去 10 年里,世界各地的管理者一直苦恼于如何提高工作效率。现在,他们要面对一个现实:管理本身就是一片效率低下的沼泽。有些低效能够体现在资产负债表上,但是决策滞后、暗藏的偏见、不授权等则体现不出来,它们是代价高昂的。在全球化的经济背景下,效率低下的情况无处可藏。因此,公司如果找不到削减"管理税"的方法,最终会处于极为不利的境地。

但是,管理的未来需要续写。晨星公司的员工已经为我们写出了令人兴奋的序言。当然,问题依然存在。运用自我管理模式的公司可以复制吗?这种模式能在一家 1 万人或者 10 万人的公司应用吗?能够移植到其他文化中去吗?能够解决一个对公司商业模式根本性的挑战吗(如拥有低成本的海外竞争对手)?我不知道答案,但是这些问题让鲁弗和他的同事们夜不能寐。他们愿意承认,自我管理的工作还在路上。鲁弗说:"我想,从管理理念上看,我们已经完成了 90%。但是现实地说,可能只有 70%。"

不管不确定因素都有哪些,有两点毋庸置疑。第一,想象一下,要超越一直以来困扰人类组织的平衡问题(如自由与合作),还是有可能的。第二,在组织中,管理不再是少数傲慢自大者的特权,而是所有人的责任。这样的梦想也不算疯狂!

倒转金字塔

戈尔公司和晨星公司都可谓正面的叛道者,它们创建之初便采取了精英领导的模式,自由已经融入了公司的 DNA。你的组织也许就不能这样。

不过，只要有勇气、有远见，即使是传统的公司，也可以重建思想的基石。在过去的几年里，印度 HCL 科技集团公司（HCLT）的维尼特·纳亚尔就完全是这样做的。

HCLT 是印度发展最快的信息技术公司之一，其原名叫作印度斯坦计算机有限公司（Hindustan Computers Limited）。目前它旗下有两大公司，一个是 HCL 信息系统公司，聚焦于硬件制造和系统集成；另一个是 HCL 科技公司，这是一家业务流程外包的服务型公司，市值达到了 35 亿美元。HCLT 现有员工 7.7 万人，业务遍布 26 个国家。维尼特·纳亚尔担任公司副董事长和首席执行官。

2006 年在《财富》杂志的一篇文章中，我的朋友戴维·柯克帕特里克（David Kirkpatrick）将 HCLT 的管理模式称为"全球最现代的"。[1] 这也许有点夸大其词，但是 2009 年美国翰威特咨询公司（Hewitt Associates）将该公司评为印度最佳雇主，[2] 2011 年该公司又被评为全球最民主的工作场所。[3]

在过去数年间，HCLT 发展迅猛。2009～2011 年，在经济衰退的大环境下，该公司的复合增长率达到了 24%，处于绝对领先的地位，市值从 26 亿美元增加到 75 亿美元，几乎是之前的 3 倍。

维尼特·纳亚尔自 2005 年担任公司总裁以来，引领公司完成了重大的管理变革。2008 年我第一次与他交流时，他便大胆地提出：

> 我们必须破除首席执行官的概念。"有远见的人""船长"等观念已经不复存在。我们告诫员工："你们比管理者更重要。"员工为客户创造价值，管理的职能就是在他们两者的交汇处实现创新。要做到这样，我们必须消灭命令和控制的模式。

通过这番话，我们明显能感受到维尼特的热情，但是他的热情有点怪异。革命不总是因君主专制而起，我不禁要问，他会用实际行动来支持这种革命的豪言壮语吗？随后的几个月，我对 HCLT 的变革进行了深入的了解，发现答案是"会的"。维尼特和同事们以某种方式努力让员工有机会成为公司名副其实的"变革者"，他们鼓励那些接触客户的员工利用技术手段找到创造价值的新方法，解决各种问题。这种努力背后的指导原则就是"转换责任"。

当然，HCLT 的故事并非源于什么伟大的探索，而是一个现实问题：如何实现快速发展？到 2005 年，HCLT 已经创办 25 年了，销售额达到 7 亿美元，拥有 3 万名员工。在此前的 5 年间，该公司实现了每年 30% 的增长——这一增速与大多数市场水平相比绝对不算差，但是相较于其主要竞争对手，还差得很远。

为了努力找出公司增长中存在的问题，维尼特分大小不同批次与上千位员工进行了会谈。他一次次地召集会谈，勇于承认许多人不愿承认的事实：HCLT 落伍了！市场占有率一点点地丢失，公司快被挤出市场了。维尼特敢于直面问题，他让员工大胆地分析公司存在的不足。双方在交流过程中非常坦诚。在此过程当中，维尼特逐渐得出两个结论。

首先，HCLT 处于服务行业，在创造价值上发挥最重要作用的是一线员工，而不是管理者。正如维尼特的观点，世界上到处都是遇到棘手问题的客户，他们需要富有创造力和敬业精神的人的帮助。对 HCLT 而言，"价值区域"就在员工与客户的交汇之处。如果员工能够为客户创造独特的价值，公司就能够蓬勃发展。如果做不到，公司的发展也就难以为继。因此，关乎 HCLT 未来的重大决定都是由一线员工做出的。

其次，正如维尼特后来所写的，当时 HCLT 自上而下的管理模式基于"公司看重的是那些拥有等级权力的人，而不是为客户创造价值的人"。[4] 这就是说，公司的管理程序是为更好地满足那些沉迷于控制的高管制定的，而不是为服务客户的员工制定的。维尼特写道："陈旧的金字塔模式束缚了员工，阻碍他们用自己的方式做出贡献。"对于 HCLT 又年轻又钟爱技术的员工来说，这尤为正确。他们成长于网络时代，重视协作，不信任等级制度。

回顾一下，这些结论算不上惊天动地。在任何企业中，一线员工都是至关重要的，他们为客户提供各种各样的服务，而官僚体制的程序总会扼杀员工的想象力和主动性。然而，在大多数公司里，这些现实并不能让西装革履的高管去考虑进行管理上的变革。在通常情况下，首席执行官只会选择微调：他们鼓励中层管理者在客户身上投入更多的时间，对表现突出的员工加大奖励力度，在培训上增加资金投入，推动客户团队进行更多的知识分享。

此外，维尼特深知，要加快公司的发展，上述举措是远远不够的。摆在他们面前的只有一条路：这条路通往山顶，但是充满了未知的困难。HCLT 不得不颠覆金字塔，不这样的话，他们很快就会被竞争对手模仿。尽管尚未想清楚所有细节，但是维尼特必须向员工推销自己的愿景。多次调整之后，他总结出"员工第一，客户第二"的口号（简称 EFCS）。他认为 HCLT 需要一种全新的管理哲学——管理者应当对那些处于"价值区域"的员工负有责任。

许多人不禁会问，"员工第一，客户第二"会不会只是提升员工士气的陈词滥调，不过是公司内部自娱自乐罢了？2006 年 2 月，维尼特在 HCLT 最大的客户会议上发表讲话之后，所有这些疑虑都被打消了。他陈述了"员工第一"背后的逻辑，表示这种新的策略最终也会让客户受益很大。当晚，HCLT 的股价就上涨了 8%。另外，无数员工通过网络直播观看了他的演讲，他们明白了"员工第一，客户第二"不只是一句口号而已。

在随后的 5 年里，维尼特和他的团队努力攀登着管理创新的高峰。在颠覆旧金字塔模式的道路上，他们一步一步向着目标迈进，其中有一些里程碑式事件。

透明的财务数据

维尼特深知，如果管理者掌握大量数据，而员工没有，他们就没有获得权力的感觉。记住了这一点，HCLT 的信息技术团队开发了一个简单的程序，让每个员工都能看到自己所在团队以及公司其他团队详细的财务数据。突然之间，低绩效的团队获得了改进的动力，而高绩效的团队依然保持领先。这么做的另一个好处就是，这是在向员工传达正面的信心，说明公司愿意相信他们，愿意与他们分享关于企业战略的信息。这就从"员工需要知道"转变为"员工有权知道"了。

你和我

早些时候，维尼特和他的领导团队建立了一个在线论坛——"你和我"，鼓励员工提出各种尖锐的问题，并承诺真诚地予以回复。"你和我"论坛上的所有内容都无须经过审查，每个帖子，即使充满敌意，也能够让全体员工看到。维尼特回忆，最初"几乎 100% 是难以接受的问题。比如说，'你们这些家伙为什么这么糟糕''你们的战略为什么这么糟糕''你们为何不遵守公司的价值观'，等等"。有些管理者抱怨，公司的丑事都被展示到网上了，而员工则对此大为称赞，他们将这个论坛视为公司对管理透明化的承诺，以及让高管肩负责任的一种机制。此外，"你和我"论坛还有另外一个价值：它成了公司可能面临重大问题的预警系统。

2009 年，维尼特还在"你和我"论坛上开设了一个"我的问题"专栏，鼓励员工就他关心的重大问题提出建议。他想让管理者感到自己对一线员工负有更大的责任，同时也想让员工感到，他们也有责任帮助高管团队共同解决所面临的重大又棘手的问题。

服务罚单

强有力的职能管理部门，比如人力资源部、财务部等的兴趣往往在于推行空洞的政策，而不是为员工提供方便。认识到了这一点，维尼特问一线员工："职能部门在'价值区域'帮助你们创造了哪些价值？"大家听到这样的问题，通常默不作声，一脸困惑。在与这些职能部门沟通的过程中，大多数员工都感觉低人一等，没有什么权力。解决这一问题的办法就是，基于网络的"职能服务台"系统，员工如果想投诉内部哪个部门，就可以开具一张"服务罚单"。

维尼特要求职能部门的工作人员必须在规定的时间内对"服务罚单"进行处理。一旦出具了"服务罚单"，只能由相关的员工点击关闭。如果24小时内无人处理，"服务罚单"就会升级。此方法实施后，第一个月就开出了3万张"服务罚单"，随后随着时间的推移逐步减少。维尼特认为，职能服务台系统有三大好处：第一，使职能部门对"价值区域"更加负责；第二，为员工的工作扫除了障碍——员工无论级别高低，关注的问题都能够快速、高效地得到解决；第三，为HCLT改善内部政策提供了大量的数据支撑。

开放的评估

虽然每家公司都有自身特有的360度评估流程，但是维尼特认为HCLT现行的流程存在几个问题。第一，流程没有明确聚焦于管理者如何对处于"价值区域"的员工产生影响。第二，在对主管进行评估的时候，员工担心遭到报复而心慈手软。第三，评估结果只反馈给直接相关的人，这只会强化组织架构。

随着时间的推移，这些都发生了变化。如今，HCLT 的员工能够以匿名的方式，对影响其工作的每位管理者的绩效进行评估。这些评估结果会公布在网上，任何评估者都能够看到。这就使得管理者必须及时反馈，并且公正地行使自己的权力。管理者收到评估的数量和范围能够很好地反映他的影响力：他在公司较大的范围内，还是在有限的范围内创造价值？重要的是，这种"向前反馈"的流程与薪酬和晋升无关，只关系个人发展。不过，对于表现平平的管理者而言，HCLT 也没有其藏身之地。

"我的蓝图"

随着 HCLT 的发展速度再次加快，公司的规划程序变得越来越烦琐。作为首席执行官，维尼特每年需要审核业务单位层的计划就有数百个。认识到自己时间和个人专业能力的局限，维尼特让同事们开发出来一个线上的同级评价审核流程，起名为"我的蓝图"。2009 年，300 位管理者在线提交了他们的业务规划或者"蓝图"，每份文件都附有音频资料；超过 8000 名员工受邀参与审核业务规划。该流程收到了大量的建议和意见。此流程横向沟通的特点有助于强化跨部门协作，并为业务领导提供了一个机会，使其能向全公司范围内相关的员工学习。这一新的流程结束时，几乎每个人都认为，它比以往自上而下的评估流程发挥了更大的价值。

员工第一委员会

要从一个等级型组织向网络型组织演变，必须加强员工之间的关系。这正是 HCLT 成立"员工第一委员会"的目的。在一个网络平台的支持下，这个委员会迅速开展了大量的社群、文化、娱乐和与工作相关的活动。每个委员会都需要选举一位领导，时至今日，担任该委员会领导的人数已经达到了2500人。维尼特的团队还成立了32个专题委员会，重点解决如云计算等关键业务和技术问题。这些松散的团队很快体现出了它们的价值，并成为新战略思想的重要来源。如果某个委员会就特定的议题达成了一致意见，就会有专门的团队将此想法付诸实践。

在最近一次谈话中，维尼特告诉了我建立在线社区背后的逻辑："我们想推翻以前的观念，不再由一个人决定重大决策的命运。我们想用兴趣社区来吸引员工。这些社区构成平行组织的基础。推出这一概念3年后，HCLT 20%的营业收入源于这些兴趣社区。"

"员工第一，客户第二"的思想还在推行，不过倒转责任的观念已经在HCLT深深扎下了根。尽管等级体制依然存在，但是其作用已经大大降低了。

维尼特说："我们都认为民主体制很好，集权体制不好，但是我们居然能够忍受公司中的独裁主义，即使高管没有足够的信息来判断该做什么。在HCLT，我们在努力推行民主化。"

管理创新需要付出成本吗？看上去是需要的。近年来，HCLT的表现远远超过了印度的竞争对手。

当然，这些都不能保证HCLT在未来的日子里会一直蓬勃发展。成功的公司有很多种落败的可能，即使再先进的管理模式也不能保证万无一失。

然而，如果一家价值35亿美元的公司能够倒转金字塔模式，并且长盛不衰，那么你的公司就有希望。事实证明，我们不用对为官僚制和大烟囱时代的首席执行官的利益而设计的组织自鸣得意。

由此，我们得出两个结论。第一，维尼特认为，首席执行官要扮演"首席远见官"角色的话,情况会变得极为复杂。我觉得他是正确的。与之对应,首席执行官必须成为一位"管理规划师",他应持续去问:"我们要找出最好的创意,释放所有员工的才能,需要哪些原则和流程?"

第二,要改变一家大型成熟公司的管理 DNA 是完全有可能的。重要的是,维尼特在最初并没有一个总体规划,而是在"员工第一,客户第二"目标的指导下进行。他一开始并未要求 HCLT 的高管完成现有管理的流程再造,因为这样做可能会遭到强烈的反对,也可能造成经营混乱。与之相反,维尼特要求他的团队保持新旧流程至少并行一段时间。正如他所说:"旧流程强调业务运营,我们希望将新流程的重点放在业务改革上。""员工第一,客户第二"的价值观已经渗透到该公司旧体系当中了,但是这是一个渐进的过程,也理应如此。

我们得到了一些重要的教训。首先,一开始不一定要有详细的变革方案。但是,俗话说"按图索骥""拓荒者用北极星来引路"。对于维尼特和他的员工而言,他们的指路明灯就是"员工第一,客户第二"。其次,要改变管理模式,你无须摧毁现行的管理流程。你既可以激进地革命,也可以循序渐进。总之,如果要做管理变革,你就应该丢掉一切借口。

树立宏伟的目标[一]

作为管理者,我们很容易满足。如果不容易满足的话,我们就必须更加努力与控制的管理思想不断制衡。虽然我们大部分人对于组织的运行方

[一] 本节部分内容选自加里·哈默 2009 年 2 月发表于《哈佛商业评论》上的文章,题为"管理层的登月计划"。版权为哈佛商学院出版公司所有,已获取使用许可,授权使用网址为 http://hbr.org/2009/02/moon-shots-for-management/ar/1。

式不完全满意，但是还没有到愤怒的程度。对于毒恶的政治、枉费的创造力、软弱的讥讽、可耻的价值观、道德的"捷径"、高管的狂妄自大，以及影响组织长期发展的鼠目寸光，我们还算不上忍无可忍，或者说，我们还不至于生气到大喊大叫"够了"，并发誓要创造新的东西。

我们似乎也不愿意去梦想。我们大多数人对公司的愿景是否充满激情、精英化、开放、活力四射、欢乐无限、生机勃勃、趣味无穷尚不积极关注。我们就像一头出生在动物园的狮子，只知道笼子而已，无法想象在组织的大草原上有肥美的青草、蔚蓝的天空，人类可以自由地成长。

如果这听起来像是控诉——即使它就是，但是我首先要承认我的错误。我担任管理者和商学院教授已有 35 个年头，在此期间，根据我本人的观察和体会，我既很少做到本应做到的愤愤不平，也很少满怀憧憬。对此我深表遗憾，因为最终改变世界的正是心存不满的人和理想主义者。

我是在跑步机上锻炼时得出了这个不起眼的拙见。我经常在锻炼身体的时候看《金融时报》（《金融时报》起码比淡棕色的墙壁要好看）。就在那天，我看完了报纸，还剩下一英里要跑。我随手将报纸往手边一扔，就在这时，我看到了一本被丢在一边的《人物》杂志，连忙跳下跑步机去拿。其实，我对安吉丽娜·朱莉（Angelina Jolie）、布拉德·皮特（Brad Pitt）、帕丽斯·希尔顿（Paris Hilton）、詹妮弗·安妮斯顿（Jennifer Aniston）、林赛·罗韩（Lindsay Lohan）、扎克·埃夫隆（Zac Efron）、贾斯汀·比伯（Justin Bieber）、金·卡戴珊（Kim Kardashian），以及其他 21 世纪奢侈文化中有价值的偶像明星不再那么感兴趣了。但是，当时健身房里没有其他人了，我百无聊赖，翻到了杂志的八卦栏目。浏览目录时，一个名字吸引了我的目光，他就是尼古拉斯·尼葛洛庞帝（Nicholas Negroponte，以下简称尼克）。我见过尼克本人几次，他是麻省理工学院赫赫有名的媒体实验室创始人，现在依然担任名誉主席。我很纳闷：他怎么会出现在《人物》杂志上？据我了解，尼克从未进过戒毒所，也不曾于凌晨 2 点衣冠不整地迈下豪华座驾时被狗仔队拍照。

事实是，报道是关于尼克开创性的故事的，他给全世界最贫穷的儿童提供电脑。他的这个公益项目名叫"每个孩子一台笔记本电脑"（one laptop per child），开始于 2005 年，旨在为发展中国家的儿童生产售价为 100 美元的简单但能上网的电脑。经过艰苦卓绝的开发，"每个孩子一台笔记本电脑"公益项目的第一台笔记本电脑"XO"于 2007 年下半年发货了。虽然 100 美元的定价目标尚未实现（目前价格为 200 美元），但他们已向 30 多个国家提供了 XO 电脑。比如，乌拉圭就为小学生每人配备了一台。

看到尼克这一大胆的项目后，我不禁想，我的追求是什么呢？我与他不一样，既不是数码专家，也不是社会企业家。此外，大部分时候，我也没有那么胸怀大志，我不过是一位大学教授，大部分时间都花在与商界人士讨论棘手的问题上，例如，如何改进规划流程？如何提升团队精神？如何让产品尽早上市？也许这些也是困扰你的问题，但是，我们能否树立更加宏伟的目标？我们的梦想能不能更大？

几年前，美国国家工程学院（National Academy of Engineering）召集顶级技术专家委员会召开了一次会议，请他们研究提出一份 21 世纪工程师最棘手、最严峻的问题清单。该委员会由许多杰出人物组成，例如开创性的遗传学家克莱格·文特尔（J. Craig Venter）、谷歌公司联合创始人拉里·佩奇，以及美国前国防部长威廉·佩里（William Perry）等人。各位委员提出了包含 14 个问题的挑战清单，其中包括：使太阳能更经济、人类大脑的反向工程、保护网络空间免受攻击等。该项目由美国国家科学基金会（U.S. National Science Foundation）资助，目的在于重点关注决定人类未来的工程问题。

我得知了他们所付出的艰辛努力，便再次问我自己：我们这些非工程师人士，管理者、高管、领导者所面临的严峻挑战是什么？类似他们所面临的"碳固存"或者"聚变产生能量"等的挑战是什么？正如我在此前的章节中所表达的，管理是关乎人类成就的一门技术——解决世上最大的难题，或者谦虚一些说，创造人性化的组织需要的不仅仅是实现科技上的突破，还需要在计划、组织、协作、分配、激励，当然还有控制等方面采用新的方法。

我们管理者，是实用主义者和实干家，而不是不切实际的梦想家。然而，作为人，我们是什么，最终是由我们所服务的事业和努力解决的问题来决定的。尽管解决重大问题不一定总能实现大幅度的进步，但是解决小问题，绝对无法实现大的进步。

正是基于这一想法，2008年5月，36位管理专家齐聚加利福尼亚州的"半月湾"。我们的使命是确立一个不成则败的管理"登月计划"，来激励所有的商业创新者。毕竟，即使不满意的人和梦想家也都需要一个日程表，重点关注他们的困扰和愿望。

此次活动由管理实验室组织，得到了麦肯锡咨询公司的大力支持。活动召集了学者、咨询顾问、首席执行官以及风险投资专家等各界人士（与会者名单参见附录）。你可以想象一下，大家交流的气氛非常热烈，偶尔还会出现争执，但是自始至终没有偏离我们的目标：消灭管理界的疟疾，揭开"宇宙大爆炸"的秘密，或是开拓"外太空"。

讨论产生的25个"登月计划"（挑战）既不互相排斥，又不穷尽一切。我们现有的管理模式是一个整体，难以进行拆分。正因为如此，许多挑战之间出现了重叠。然而，每个挑战都为我们标明了通往管理2.0道路的关键路径。

在下面的清单中,"登月计划"分成了6个不同的主题:①修补灵魂;②释放潜能;③培养创新;④权力分配;⑤追求和谐;⑥重塑思想。我希望"登月计划"能为你带来启迪,帮助你成为管理创新者。

修补灵魂

登月计划1:确保管理服务于更高的目标

大多数公司都在努力追求股东财富的最大化,从诸多角度来看,这一目标是不足够的。作为一种情感催化剂,财富最大化缺少调动每位员工热情的作用。一旦公司权力的合法性受到质疑,它不足以给出有力的解释。要激励创新,它既不具体也不够吸引人。基于这些原因,未来的管理实践必须聚焦于实现社会意义和崇高目标上。

登月计划2:嵌入社区和公民意识

未来的世界互相依存,协作体制将会明显优于那些呈现敌对与非输即赢关系的体制。传统的治理结构维护高管或者投资人等群体的利益,而牺牲员工、当地社区等其他主体的利益,这样往往会激化矛盾。要向前发展,管理体制和结构需要明确包含社区和公民的理念。所有利益相关者群体互为依存的关系不可避免,也不容忽视。

登月计划3:使商业语言和实践更加人性化

在描述商业目标的时候,人们一般会用效率、优势、价值、优越性、重点、差异性等词语。这些词语很重要,但是它们往往缺乏打动人心的力量。要创造员工富有适应能力、创造力和敬业精神的真正人性化组织，未来的管理先锋必须找到新的方法，在日常的商业活动中注入荣誉、真理、爱、公正和美等深层次触及灵魂的理念。这些亘古不变的美德往往会激发人们做出非凡的成就，它们不应该被排斥在管理论述和管理行为边缘阴暗的角落里。

释放潜能

登月计划 4：增强信任，减少恐惧

传统的管理体制往往能反映出管理者对员工承诺和工作能力的不信任，这种体制还容易过度使用制裁来达到让员工顺从的目的。然而，组织的弹性主要取决于高信任、低恐惧的组织文化。这种文化环境鼓励冒险精神、广泛地分享信息、自由地表达不同的观点。不信任会挫伤员工士气，恐惧会让公司举步维艰。正因为如此，21 世纪的组织必须剔除不信任和恐惧。

登月计划 5：创新控制方式

传统的控制体系抹杀了员工的创造力、创业精神和敬业精神，只得到了员工高度的顺从。这种代价对企业的长足发展影响太大。要解决纪律与创新的难题，未来的控制体系需要更多地依赖同级评估和更少的上级监控。它们会撬动共享价值观和追求，放松规则与束缚，目的是让组织充满能够自律的人。

登月计划 6：激发想象的动力

对于如何激发员工的创造力，我们已经掌握了很多知识：给员工提供创

新工具，留出思考的时间，消除对失败的偏见，为偶然学习创造机会，等等。然而，这些知识很少渗透到我们的管理体系中。更加糟糕的是，许多公司制定了创新分级体系制度，这只会让少数人承担创新的角色，他们有时间去从事他们感兴趣的工作。此外，这假定了大多数其他员工没有想象力，不应该为其提供创新的时间和空间。未来的管理流程必须建立在这样一种假设之上：员工普遍具有创造力，因此需要系统地给予培养。

登月计划 7：拓宽和开发多样性

多样性不仅是物种得以生存的根本条件，而且是任何组织持续保持活力的根本条件。公司如果不能对经验、价值观和能力的高度多样化予以包容，就不能产生突破传统的理念以及激发战略创新的尝试。未来的管理体系需要像尊重顺从、一致性和凝聚力那样，去尊重多样性、争议和分歧。

登月计划 8：激发群体的激情

激情完全可以放大人类所付出的努力，尤其是一群拥有共同思想的人为了一个有意义的事业团结起来的时候。但是大量的数据显示，大部分员工对工作没有感情投入——他们缺乏成就感，造成了组织的绩效不尽如人意。公司必须帮助员工找到工作中的使命感，帮助员工将个人的兴趣与组织的目标结合起来，从而帮助他们激发激情。

登月计划 9：让工作不再单调

人如果感觉到了工作的乐趣，生产力就会很高。人的热情、想象力、活跃的思维一旦得以释放，就会享受工作。未来，那些学会如何淡化工作与娱乐界限的组织将会是最成功的。在实际工作中，这可能意味着允许员工自行选择工作，将重复的工作任务设计成网络上的多人游戏，或者设置涵盖丰富多样工作任务的工作岗位等。在过去的 100 年间，人们在提升工作效率方面突飞猛进。现在，管理创新者必须让工作不再单调沉闷。

培养创新

登月计划 10：携手确定方向

昔日富有远见的人可能并非第一个看到明日发展机遇的人，尤其是在快速变化的时代中。随着商业环境日益复杂纷乱，对于人数较少的高管而言，他们要想在组织创新工作上进行设想和指导就更难了。正因为如此，明确未来发展方向的责任应该由大家一起承担。在确定方向时，决定话语权的不是权力和职务，而是远见和洞察。

登月计划 11：利用演变的力量

在动荡的时代，要做预测很难，长期规划的价值也比较有限。管理流程如果要通过自上而下采取分析的方法等找出最佳战略，不如采取基于生物多样性原则（产生多种观点）的选择（通过低成本的试验快速测试重要的假设）和保留（对于最受市场欢迎的创意予以双倍支持）的模式。在这种模式下，高管并不制定战略，而是努力创造条件让新的战略自然地涌现和发展。

登月计划 12：解构和拆分组织

在机会来去如闪电般快速的环境下，组织必须能够快速配备技能和资产。遗憾的是，在许多组织中，快速重组技能和资产的能力受到了僵化的部门界限、职能筒仓和政治领地等严重的阻碍。在大型组织里，某一种思维方式往往会占据主导地位，因此会限制试验的范围。为了提高适应能力，公司必须"拆分"为更小的单位，提高流动性，打造基于项目的架构。这种"重组"不应当是每四五年发生一次的伤筋动骨事件，而应是不遗余力地持续去做的事情。

登月计划 13：建立内部创意、人才和资源市场

长远来看，市场体制会优于等级体制，因为它在资源调配上效果更佳。公司资金投入的决策往往是自上而下做出的，这种决策受到政治、资源分配等要素的影响较大。但是，诸如纽约股票交易所等基于市场的体制是高度分散和去政治化的。是的，市场在短期歪曲的影响下会比较脆弱，但是长期而言，与大型组织相比，只要遇到合适的机会，市场还是会更有效地获取合适的资源。要确保资源配置更加灵活，不受政治因素的影响，公司必须建立内部市场，让新方案和传统项目同台竞争，争取人才和资金的支持。

登月计划 14：决策去政治化

在大多数组织中，重大的决策都是职务较高的人做出的。在做出决策时，高管很少征求员工的意见。这至少存在三方面的问题。第一，高层的决策往往是与高管的自大、职位偏见和数据不完整等情况妥协的结果。第二，通常一线员工最适合评估操作性问题，这些问题会影响公司的战略决策。第三，商业环境变得日益复杂，影响关键决策的可变因素也随之迅速变得复杂起来。鉴于上述情况，公司的决策程序需要变为"政治中立"的，

这样才能发挥组织的集体智慧，采纳更大范围内的观点并使更多人参与。

权力分配

登月计划 15：建立自然、灵活的等级体制

等级体制将会永远是人类组织的一个特征，所以亟须对自上而下这种权力结构的危害进行控制。一般来说，危害包括：看重经验而不是创新思维，很少给员工选择领导的权利，维持权力差异与能力差异不对等的现状，鼓励管理者在应该下放权力的时候却紧紧握住权力，削弱没有职权员工的自我价值。要避免这些危害，正式的等级体制必须让位于"自然"的等级体制，后者的地位和影响力与个人的贡献而不是职务紧密相关。僵化的等级体制必须变得更有活力，权力才会自然流向那些为企业创造价值的人，远离那些不创造价值的人。此外，我们需要的不是一种而是多种等级体制，每种体制都能对某一重要领域的专业能力进行评估。

登月计划 16：扩大自主范围

在大多数情况下，大型组织的一线员工很少具备或者没有引发变革的能力。缺少自主的时间，被一堆官僚的制度所困，以及只能获得有限的资本，严重地限制了他们的自主性，破坏了组织的创新能力。考虑到适应能力和敬业度，员工自由的边界必须大幅度地拓宽。管理体制必须为本地试验和基层员工的主动性保驾护航，而不是百般阻挠。

登月计划 17：调整领导的调动与辅导重点

自然的等级体制需要自然的领导，即能在没有职位权力的情况下调动

他人。领导不应被视为具有宏伟远见、无所不能的决策者，或者英雄式生意人，而应该是"社会架构师""宪法拟定者""有使命的企业家"。他们必须将创造一个鼓励员工协作、创新、卓越的工作环境视为自己的首要职责。

登月计划 18：民主地分享信息

按照传统，管理权力有赖于对信息的控制。随着创新不断积累，员工失去了权力，滋生了不信任，这给一线快速决策带来了困扰。绩效信息必须广泛地分享。组织中的一线员工最应当获得最多的信息，而非最少的信息。未来，公司将需要"全息"的信息系统，让每位员工都能够获得为谋求公司最大利益所需的数据和知识。

登月计划 19：鼓励不同意见

在一般情况下，行业创新是由反叛者而不是在位者做出的。为什么？因为长期在职的高管往往不愿意挑战自己根深蒂固的观念。解决办法：创立激励异端性思维的管理体制，允许不同意见的存在，防止位高权重的高管扼杀令其不悦的观点。

追求和谐

登月计划 20：开发整体的绩效评估工具

现有的绩效评估体系存在诸多缺陷。第一，其过分强调某些工作成果，比如达成季度营收目标，而忽视诸如打造新的增长平台等其他成果。第二，在一般情况下，绩效评估体系会忽视高管决策所需的环境和社会成本。第三，它们与创意经济中带来价值的东西不一致。为了克服这些问题和局限，我们需要全新的、整体性的评估体系。

登月计划 21：超越传统的平衡

组织的成功越来越取决于各级员工管理一系列看似难以协调的关系的能力：规模与灵活性，收入与增长，聚焦与试验，控制与自由。传统的管理体制往往依赖原始的全球性政策，系统性地倾向于某些目的，而忽视其他目的的完成。相比之下，未来的体制必须为一线员工提供其所需的信息和自由，以便他们适时地平衡，从而推动彼此对立的目标进行良性竞争。其目的在于创造如网络般灵活、如严格管理的等级制度一样高效的组织。

登月计划 22：拓展管理的时间框架和视角

薪酬和激励体系往往会缩短高管的时间框架，影响管理工作的轻重缓急。比如，研究发现，如果一个切实可行的新项目会减少当前的阶段性收入，即使其能够产生正的净现值，高管也不会投资。建立新的激励体系，将首席执行官的利益与可持续的财富增长结合起来，是管理创新者首先要考虑的重要问题。

重塑思想

登月计划 23：加强右脑思维

以往的管理培训强调左脑思维，重点在于演绎推理、分析问题、解决问题，以及提出解决方案。在变化日益加剧的时代，我们需要新的认知技能，其中包括反思与双环路学习、系统思维、设计思维、创造性地解决问题以及社会意识等。商学院和企业必须以新的方式对管理培训进行重新设计，帮助高管开发这些新的技能。

登月计划 24：重新设计管理，以应对开放的环境

今天，许多成功的商业模式有赖于创造价值的网络和超越组织边界的社会产品模式。在这种环境下，常规的管理工具变得没什么效果了，甚或反生产力了。例如，在志愿者和独立代理人的网络中，"领导者"的职责是调动群体的活力，向群体赋能，而不是高高在上地进行管理。开放、创新和虚拟合作的时代需要新的开发模式去调动和协调人。

登月计划 25：重建管理的哲学基础

未来，组织不仅要做好运营，还要具备适应力、创造力、号召力，要能够承担社会责任。要让组织具备上述能力，学者和实践者必须重新思考管理的哲学基础。这要求他们掌握多个领域中新的管理原则，包括人类学、生物学、设计学、政治学、城市规划学和神学等。要打造管理2.0，我们不仅需要工程师和财务会计，还必须借鉴艺术家、哲学家、设计师、生态学家、人类学家和神学家的思想。

兼收并蓄

推动这些"登月计划"能够帮助组织去官僚化，释放人的潜能。然而，我们的目的在于克服今天管理实践的局限，又不损失其好处。

比如，为治疗组织的保守和惰性，换来了草率和低效，是不可取的。我们需要组织具备更好的适应力、创造力和号召力，但是不能牺牲效率、纪律和绩效。

为此，我们必须对手段和目标进行有效的区分。高管常常为过时的管理实践辩解，这是因为他们缺乏降低官僚化的方法来完成更重要的业务目标。比如，许多公司制定了详细的差旅管理制度：员工在出差前要获得批准，还必须严格遵守支出上的规定。虽然很少有人质疑控制差旅成本的做法，但难道就没有不这样官僚的方式吗？也许有一种方法，就是将员工的差旅开支报告公布在公司内网上，让同事之间的"压力"自然地控制铺张浪费。在实际工作中，公开透明往往会取得与教条地执行规定一样的效果，但是这种方法更加灵活、成本更低，因为不需要养一群审计人员。

让我们回到本书的开头：银行危机。看着傲慢和贪婪的火焰在全球顶尖的银行间蔓延，人们目瞪口呆。如果问题不在于官僚盛行，那些人都可以被原谅。毕竟，官僚机器（众多的规定、严格的监管和定期的评估）用于管控员工。毫无疑问，如果对一心追逐丰厚奖金的银行家加强管控的话，今天大家的日子都会更好过一些。

然而，在快速变化的环境下，决策的权威必须予以下放。要么下放权力，要么组织变得不堪一击、难以适应。即使在瞬息万变的现代金融业，集权和严控可能并非阻止不当冒险行为出现的最佳方式。那些设计和销售奇特金融工具的"火箭科学家"在一线，他们自身行为对资产负债表中的风险和中期利润产生了影响，他们自己必须对此负责。然而近年来，他们许多人只负责清除有害的产品。与其他行业的员工一样，银行家也需要激励，需要让他们能够看到远期的成功。他们必须将自己视为管理者，负责保护所有信任他们的人的利益，而不是只受利益驱使的雇佣兵。风险管理需要将责任下放，辅之以透明和同事考评，而不是集权管理。在一个推崇突出表现的行业中，管理者必须有更高的使命感和共享的社区感，保护组织不受过度贪欲的影响。

源于内部而不是外部的控制，执行时间超过 1 年，追求更高使命的激情，社区的意识等，这些"登月计划"将成为长远地解决银行家贪欲的办法，而贪得无厌正是过去 100 年来金融服务业的典型特征。

并非所有的"登月计划"都是新的。大多数计划能够解决大型机构普遍存在的问题。我之所以列举这些解决方案，目的在于激发大家用新办法解决老问题。你可能知道，盖茨基金会致力于消灭疟疾，这一目标并不新鲜。然而，基金会的领导者相信，新的理念、新的治疗方式、新的交付体系最终会产生历史性的收获。同样地，新思想不会受旧观念的束缚，新工具会催生网络上的社会革命。总有一天，这些能够帮助我们摆脱传统管理实践的局限。

挑战看上去令人恐惧，但是我们要鼓足勇气！那些早期的管理先驱不得不将思想自由、难以管束的人变成顺从的员工——他们与人性反向而行。而如今，我们是在顺应人性——我们的目标是使组织更加人性化。若麦卡勒姆、泰勒和福特等这些早年的管理先驱在天有灵，也会羡慕我们拥有这样的机遇。

行动起来

也许对上述"登月计划"中的某一点，你已经有了具体的想法。你也可能已经遇到过突破传统的管理实践，重新界定了各种可能的边界。或者，也许你会好奇：组织要摆脱传统管理的局限该怎么做？这样的话，你可以登录 www.hackmanagement.com，这是全球首个开放的创新项目，目的在于实现管理创新。在这个网站上，你能看到全世界最具发展潜力的组织的成百上千的案例，以及各种管理创新方案，所有这些都紧紧围绕着"登月计划"。

如果说我想让你从本书中得到什么收获，那就是：我们获得了重新开始的机会。我们不需要再容忍不道德、不灵活、不人性的组织，我们能够建立"内心高贵"的组织。它们看重创新的动力，在必要时做出改变，触动我们的内心，摆脱官僚体制的影响。虽然做到这样绝非易事，但是我希望你在本书中能够得到足够的灵感和指导，然后行动起来。

现在，比以往任何时候都重要的是：质疑你的假设，放弃你的自负，重新思考你的原则，拓宽你的视野。同时，你也应要求其他人这样去做。我们都知道，我们要创建适应未来的组织应该做些什么，唯一的问题是："谁来担任领导者，谁将成为追随者？"你对此的答案最为重要！

附录　半月湾"自由小分队"名单

埃里克·亚伯拉罕森——哥伦比亚大学

克里斯·阿基里斯——哈佛商学院

乔安娜·巴斯——麦肯锡咨询公司

朱利安·伯金肖——伦敦商学院

蒂姆·布朗——艾迪欧设计公司

洛厄尔·布莱恩——麦肯锡咨询公司

巴斯卡尔·查克拉沃尔蒂——哈佛商学院

伊夫·多茨——欧洲工商管理学院

亚历克斯·厄里奇——瑞士联合银行集团

加里·哈默——管理实验室

琳达·希尔——哈佛商学院

杰弗里·霍伦德——第七世代[一]

史蒂夫·尤尔韦松——德丰杰全球创业投资基金

凯文·凯利——《连线》杂志

泰瑞·凯莉——戈尔公司

爱德华·劳勒——南加利福尼亚大学

约翰·麦基——全食超市

汤姆·马隆——麻省理工学院

玛丽莎·梅耶尔——谷歌公司

安德鲁·迈克菲——哈佛商学院

莱尼·门多萨——麦肯锡咨询公司

亨利·明茨伯格——麦吉尔大学

[一] 美国最大的家庭和个人护理品牌之一。——译者注

维尼特·纳亚尔——HCL 科技集团公司

杰弗里·普费佛——斯坦福大学

C. K. 普拉哈拉德——密歇根大学

雷顿·里德——Seriosity 公司[一]

基思·索耶——华盛顿大学

埃里克·施密特——谷歌公司

彼得·圣吉——麻省理工学院

拉金德拉·西索迪亚——本特利大学

汤姆·斯图尔特——博思管理顾问公司

詹姆斯·索罗维基——《纽约客》杂志

哈尔·瓦里安——加利福尼亚大学伯克利分校

斯蒂文·韦伯——加利福尼亚大学伯克利分校

戴维·沃尔夫——沃尔夫资源集团

肖沙娜·朱伯夫——哈佛商学院

[一] 一家美国软件与服务开发公司。——译者注

注　释

要事优先

1. "Nurses Top Honesty and Ethics List for 11th Year," http://www.gallup.com/poll/145043/Nurses-Top-Honesty-Ethics-List-11-Year.aspx.
2. "Report: Socially Responsible Investing Assets in US Top $3 Trillion; Nearly 1 out of Every 8 Dollars Under Professional Management," https://ussif.org/news/releases/pressrelease.cfm?id=168.

从危机中汲取教训

1. "Ex-CEO: 'Market forces' Killed Bear Stearns," http://www.msnbc.msn.com/id/36958429/ns/business-us_business/t/ex-ceo-market-forces-killed-bear-stearns/.
2. 2009 Financial Crimes Report, Federal Bureau of Investigation, http://www.fbi.gov/stats-services/publications/financial-crimes-report-2009/financial-crimes-report-2009#mortgage.
3. Gary Rivlin, "The Billion-Dollar Bank Heist," *Newsweek,* July 18, 2011, p. 10.
4. "How AIG Became Too Big to Fail," http://www.time.com/time/magazine/article/0,9171,1886538,00.html.
5. "World of Work Report 2008 – Global Income Inequality Gap Is Vast and Growing," http://www.ilo.org/global/about-the-ilo/press-and-media-centre/news/WCMS_099406/lang--en/index.htm.

重拾农夫的价值观

1. Franklin Roosevelt's First Inaugural Address, http://en.wikisource.org/wiki/Franklin_Roosevelt%27s_First_Inaugural_Address.

放弃资本主义危险的自大

1. Shiela M.J. Bonini, Kerrin McKillop, and Lenny T. Mendonca, "The Trust Gap Between Consumers and Corporations," *McKinsey Quarterly*, 2007, Number 2, pp. 7–10.
2. "Congress Ranks Last in Confidence in Institutions," http://www.gallup.com/poll/141512/congress-ranks-last-confidence-institutions.aspx.

创新乃唯一之道

1. Data from Angus Maddison, *The World Economy: A Millennial Perspective, Organization for Economic Cooperation and Development,* Paris: Organization for Economic Cooperation & Development, 2001.
2. Mihalyi Csikszentmihalyi, *Flow: The Psychology of Optimal Experience,* New York: Harper & Row, 1990.
3. Tal-Ben Shahar, *Happier: Learn the Secrets to Joy and Lasting Fulfillment,* New York: McGraw-Hill, 2007.

全球创新公司分类

1. "The World's Most Innovative Companies 2010," http://www.fastcompany.com/mic/2010.
2. "The 50 Most Innovative Companies 2010," http://www.businessweek.com/interactive_reports/innovative_companies_2010.html.
3. "The Journal's Top 10," *The Wall Street Journal,* http://online.wsj.com.public/resources/documents/info-GREATEST08.html.
4. "IFI CLAIMS Announces Top Global Companies Ranked by 2010 U.S. Patents," http://www.ificlaims.com/news/top-patents.html.
5. "Will Intel Finally Crack Smartphones?" http://www.businessweek.com/magazine/content/11_25/b4233041946230.htm.
6. "IFI CLAIMS Announces Top Global Companies Ranked by 2010 U.S. Patents," http://www.ificlaims.com/news/top-patents.html.
7. For more on IDEO's approach to creative thinking, see Tom Kelly's book, *The Art of Innovation,* Random House, 2001.
8. Phone conversation with Nancy Tennant Snyder, July 1, 2010.

激发伟大的创意

1. Personal conversation with Tim Brown, CEO of IDEO, October 5, 2009.

从创新"小白"到"高手"

1. Ben Hogan, *Five Lessons: The Modern Fundamentals of Golf,* New York: Simon & Schuster, 1957.
2. "Your Guide to Cutting the Cord to Cable TV," http://www.pbs.org/mediashift/2010/01/your-guide-to-cutting-the-cord-to-cable-tv008.html.
3. "Some Chinese Kids' First English Word: Mickey," http://www.businessweek.com/magazine/content/11_25/b4233024744691.htm.

解构苹果

1. Corporate Financials Online, http://www.cfonews.com/atxa/d092898z.txt.html.
2. "Nine out of 10 Premium-Priced PCs Sold at U.S. Retail Is a Mac," http://www.betanews.com/joewilcox/article/Nine-out-of-10-premiumpriced-PCs-sold-at-US-retail-is-a-Mac/1265047893.
3. "Apple iTunes: 10 Billion Songs Later," http://tech.fortune.cnn.com/2010/02/24/apple-itunes-10-billion-songs-later/.
4. Author analysis.
5. "Android's Pursuit of the Biggest Losers," http://www.asymco.com/2010/08/17/androids-pursuit-of-the-biggest-losers/.
6. "Financial History of the Apple Retail Store," http://www.macworld.com/article/159499/2011/05/applestoresinancials.html.
7. "Apples for Sale on New York City's Upper West Side," http://abcnews.go.com/Technology/AheadoftheCurve/apple-store-opens-york-citys-upper-west-side/story?id=9074803.
8. http://en.wikipedia.org/wiki/App_Store_(iOS).
9. Apple Events, January 2010, http://www.apple.com/apple-events/january-2010/.

视熵为仇敌

1. Dinesh D'Souza marshals the evidence for this assertion in *What's So Great About Christianity?* Washington, D.C.: Regnery, 2007.
2. John Meacham, "The End of Christian America," *Newsweek,* April 4, 2009. See also chapter 13, "Religion and Good Neighborliness," in Robert D. Putnam and David E. Campbell, *American Grace: How Religion Divides and Unites Us,* New York: Simon & Schuster, 2010.
3. John Meacham, "The End of Christian America."
4. Ibid.
5. David T. Olson, *The American Church in Crisis,* Grand Rapids, MI: Zondervan, 2008, p.36.
6. Ibid., pp. 35–36.
7. David Kinnaman and Gabe Lyons, *Unchristian,* Grand Rapids, MI: Baker Books, 2009, p. 25.
8. ARIS (American Religious Identification Survey) 2008, http://www.americanreligionsurvey-aris.org/reports/ARIS_Report_2008.pdf.
9. Thomas S. Rainer and Sam S. Rainer III, "Surprising Insights," *Outreach,* January-February 2007.

10. ARIS (American Religious Identification Survey) 2008, http://www.americanreligionsurvey-aris.org/reports/ARIS_Report_2008.pdf.
11. "Making Sight Affordable," http://www.mitpressjournals.org/doi/pdf/10.1162/itgg.2007.2.4.35.

为公司赢得未来

1. "Can Google Stay on Top of the Web?" http://www.businessweek.com/magazine/content/09_41/b4150044749206.htm.
2. "Toyota Adopts New Flexible Assembly System," http://wardsautoworld.com/ar/auto_toyota_adopts_new/, and "Toyota's Global Body Shop," http://money.cnn.com/magazines/fortune/fortune_archive/2004/02/09/360102/index.htm.

揭露管理的痼疾

1. "Towers Perrin Global Workforce—Global Report, 2007–2008," pp. 4, http://www.towersperrin.com/tp/getwebcachedoc?webc=HRS/USA/2008/200803/GWS_Global_Report20072008_31208.pdf.
2. Ibid., p. 5.
3. For a deep dive into the relationship between engagement and performance, read *Firms of Endearment,* by Raj Sisodia, David Wolfe, and Jagdish Sheth, Wharton School Publishing, 2007.
4. "Apple Now Bigger Than Nokia in Mobile Biz," http://blogs.computerworld.com/18171/apple_now_bigger_than_nokia_in_mobile_biz.

以人为本

1. "Nurses Top Honesty Ethics List for 11th Year," http://www.gallup.com/poll/145043/nurses-top-honesty-ethics-list-11-year.aspx.
2. "Trust in Business Rises Globally, Driven by Western Economies," http://www.scribd.com/full/26268655?access_key=key-1ovbgbpawooot3hnsz3u.
3. "Kraft Rebuked for Broken Pledge on Cadbury Factory," http://www.guardian.co.uk/business/2010/may/26/kraft-censured-over-cadbury-takeover-pledge.
4. "Congressional Performance," http://www.rasmussenreports.com/public_content/politics/mood_of_america/congressional_performance.
5. "The Shape of the Emerging 'Deal': Insights from Towers Watson's 2010 Global Workforce Study," http://www.towerswatson.com/assets/pdf/global-workforce-study/TWGWS_Exec_Summary.pdf.

6. "Challenging Work and Corporate Responsibility Will Lure MBA Grads," http://www.gsb.stanford.edu/NEWS/research/montgomery_mba.html.
7. "Jobless Recovery in the U.S. Leaving Trail of Recession-Weary Employees in Its Wake, According to New Study," http://www.towerswatson.com/press/1365.

建设充满激情的社区

1. "Church of England Sees Greater Decline in Church Attendance," http://www.ekklesia.co.uk/node/11080.
2. "Attendance," http://www.churchsociety.org/issues_new/church/stats/iss_church_stats_attendance.asp.
3. "Churchgoing in the UK," http://news.bbc.co.uk/2/shared/bsp/hi/pdfs/03_04_07_tearfundchurch.pdf.
4. "WhyChurch: Belonging and Believing," http://www.whychurch.org.uk/trends.php.

挑战管理思想

1. W. Carus, ed., *Memoirs of the Life of the Reverend Charles Simeon,* London: Hatchard and Son, 1847, p. 47.
2. Max Weber, *The Theory of Social and Economic Organization,* ed. and trans. A. M. Henderson and Talcott Parsons, New York: Free Press, 1947, p. 337.
3. Max Weber, speech to the Verein fur Sozialpolitik (Association for Social Policy) in 1909. From J. P. Mayer, *Max Weber and German Politics,* Appendix I, London: Faber & Faber, 1944, pp. 125–131. Quoted selection excerpted from: http://www.faculty.rsu.edu/users/f/felwell/www/Theorists/Weber/Max1909.html#Max.

少交"管理税"

1. Morning Star's "purchasing councils" are one example of a bottom-up structure. Although purchasing is decentralized at Morning Star, colleagues who buy similar items in large quantities, or from the same vendor, realized they could save money by consolidating their buying power, so they established councils, which meet periodically to coordinate purchasing.
2. What happens, you may wonder, when Morning Star runs out of capital? Thanks to the company's strong cash flow, it is able to make significant capital investments each year, and although it eschews long-term debt, it will

borrow short-term when the returns are attractive enough. Occasionally, though, there are more projects than cash and when this happens, investments get postponed. Nevertheless, the role of Morning Star's finance staff is to find capital rather than to allocate it.

倒转金字塔

1. "The World's Most Modern Management – in India," http://money.cnn.com/2006/04/13/magazines/fortune/fastforward_fortune/index.htm.
2. "HCL Best Employer in India, Says Hewitt Study," http://www.financial-express.com/news/hcl-best-employer-in-india-says-hewitt-study/442332/.
3. "The WorldBlu List," http://www.worldblu.com/awardee-profiles/2011.php.
4. Vineet Nayar tells the story of HCLT's transformation in *Employees First, Customers Second,* Boston: Harvard Business School Publishing, 2010.

树立宏伟的目标

1. You can find the full list here: "Grand Challenges for Engineering," http://www.engineeringchallenges.org.

致　谢

无论一本书封面上的署名是谁，它绝对不是靠一己之力能够完成的。本书的许多章节最初是在《华尔街日报》我本人的博客中与读者见面的。该报的艾琳·怀特（Erin White）和弗兰西斯卡·唐纳（Francesca Donner）给予了我鼓励和指导，在此深表感谢。多年以来，我与《哈佛商业评论》的高级编辑安南·拉曼（Anand Raman）精诚合作，取得了丰硕的成果。本书有两章最初刊登在《哈佛商业评论》上，安南明智的建议也给了我极大的帮助。

波利·拉巴尔（Polly LaBarre）和米歇尔·扎尼尼（Michele Zanini）是我在管理实验室的同事，多年来我们一直算是思想上的合作伙伴，她们的洞见在本书中比比皆是。乌麦尔·哈克（Umair Haque）是《新资本主义宣言》（*The New Capitalist Manifesto*）的作者，也是我在伦敦商学院的学生，他毫无保留地分享了自己的看法。事实证明，他是一个思维活跃的合作伙伴。

同样，我要感谢诸位管理创新者无私的贡献，我在本书中讲述了他们的故事。另外，我还要特别感谢克里斯·贝利斯（Chris Bayliss）、德鲁·威廉姆斯（Drew Williams）、克里斯·鲁弗（Chris Rufer）、小保罗·格林（Paul Green, Jr.）、泰瑞·凯莉（Terri Kelly）、维尼特·纳亚尔（Vineet Nayar）和蒂姆·布朗（Tim Brown）。

我还要感谢约翰威立父子出版集团（John Wiley and Sons）巴斯出版社（Jossey-Bass）的苏珊·威廉姆斯（Susan Williams），她本人和团队的卓越表现超乎想象。没有他们的工作热情和奉献精神，这本书不可能得以出版。

最后，感谢我的私人助理格雷丝·雷姆（Grace Reim）。我很幸运，她掌握着我个人欠缺的所有项目管理技能，是我每个阶段不可缺少的合作伙伴。

关于作者

最近,《华尔街日报》将加里·哈默评为"全球最具影响力的商业思想家",《财富》杂志则称其为"全球商业战略的顶级专家"。

哈默的里程碑式著作《领导革命,竞向未来》(Leading the Revolution and Competing for the Future,与 C. K. 普拉哈拉德合著)登上了每个管理畅销书排行榜,并被翻译成了 20 多种语言。他最近的一本专著《管理大未来》(The Future of Management)被亚马逊评为年度最佳商业著作。

在过去 20 年中,哈默在《哈佛商业评论》上发表了 17 篇文章,他也是该刊物有史以来重印文章最多的作者。同时,他还为《华尔街日报》《财富》《金融时报》及全球众多其他顶级刊物撰稿。

哈默任教于伦敦商学院,担任战略和国际管理客座教授。

作为咨询顾问和管理学教授,哈默与全世界顶级的公司有过合作。他开创性地提出了"战略意图""核心竞争力""产业革命"和"管理创新"等概念,改变了世界各地企业的管理实践。

哈默经常在全球最负盛名的管理会议上发言,并在美国消费者新闻与商业频道(CNBC)、美国有线电视新闻网(CNN)以及其他主要媒体上发表观点。同时,他还就创新政策、创业和行业竞争优势等向政府领导提供建议。

目前,哈默牵头组织了全球首个开放式创新项目,旨在探究管理创新。他们建立了管理创新交流网(www.managementexchange.com),以期加速管理知识与实践的创新进程。

哈默是全球经济论坛和战略管理协会的研究员。他居住在北加利福尼亚州,联系方式为 ghamel@managementlab.org。

显而易见的商业智慧

书号	书名	定价
978-7-111-57979-3	我怎么没想到?显而易见的商业智慧	35.00
978-7-111-57638-9	成效管理：重构商业的底层逻辑	49.00
978-7-111-57064-6	超越战略：商业模式视角下的竞争优势构建	99.00
978-7-111-57851-2	设计思维改变世界	55.00
978-7-111-56779-0	与时间赛跑：速度经济开启新商业时代	50.00
978-7-111-57840-6	工业4.0商业模式创新：重塑德国制造的领先优势	39.00
978-7-111-57739-3	社群思维：用WeQ超越IQ的价值	49.00
978-7-111-49823-0	关键创造的艺术：罗得岛设计学院的创造性实践	99.00
978-7-111-53113-5	商业天才	45.00
978-7-111-58056-0	互联网原生代：网络中成长的一代如何塑造我们的社会与商业	69.00
978-7-111-55265-9	探月：用改变游戏规则的方式创建伟大商业	45.00
978-7-111-57845-1	像开创者一样思考：伟大思想者和创新者的76堂商业课	49.00
978-7-111-55948-1	网络思维：引领网络社会时代的工作与思维方式	49.00

欧洲管理经典 全套精装

欧洲最有影响的管理大师
（奥）弗雷德蒙德·马利克 著

ISBN: 978-7-111-56451-5

ISBN: 978-7-111-56616-8

ISBN: 978-7-111-58389-9

转变：应对复杂新世界的思维方式

作者：应秋月 ISBN: 978-7-111-57066-0 定价: 79.00元
在这个巨变的时代，不学会转变，错将是你的常态，
这个世界将会残酷惩罚不转变的人。

管理：技艺之精髓

ISBN: 978-7-111-59327-0 定价: 59.00元
帮助管理者和普通员工更加专业、更有成效地完成
其职业生涯中各种极具挑战性的任务。

公司策略与公司治理：如何进行自我管理

ISBN: 978-7-111-59322-5 定价: 59.00元
公司治理的工具箱，
帮助企业创建自我管理的良好生态系统。

正确的公司治理：发挥公司监事会的效率应对复杂情况

ISBN: 978-7-111-59321-8 定价: 59.00元
基于30年的实践与研究，指导企业避免短期行为，
打造后劲十足的健康企业。

战略：应对复杂新世界的导航仪

ISBN: 978-7-111-56616-8 定价: 60.00元
制定和实施战略的系统工具，
有效帮助组织明确发展方向。

管理成就生活（原书第2版）

ISBN: 978-7-111-58389-9 定价: 69.00元
写给那些希望做好管理的人、希望提升绩效的人、
希望过上高品质的生活的人。不管处在什么职位，
人人都要讲管理，出效率，过好生活。

读者交流QQ群：84565875